吉林全書

史料編

㉔

吉林文史出版社

圖書在版編目（CIP）數據

懷德縣志 / 趙亨萃，李宴春，趙晉臣纂修．-- 長春：吉林文史出版社，2025. 5. --（吉林全書）. -- ISBN 978-7-5752-1124-6

Ⅰ．K293.44

中國國家版本館 CIP 數據核字第 2025CW4155 號

HUAIDE XIANZHI

懷德縣志

纂　　修　趙亨萃　李宴春　趙晉臣

出 版 人　張　强

責任編輯　王　非　王麗娟

封面設計　溯成設計工作室

出版發行　吉林文史出版社

地　　址　長春市福祉大路5788號

郵　　編　130117

電　　話　0431-81629356

印　　刷　吉林省吉廣國際廣告股份有限公司

印　　張　30

字　　數　115千字

開　　本　787mm×1092mm　1/16

版　　次　2025年5月第1版

印　　次　2025年5月第1次印刷

書　　號　ISBN 978-7-5752-1124-6

定　　價　168.00圓

《吉林全書》編纂委員會

總主編

曹路寶

史料編主編

胡維革　李德山　竭寶峰

《吉林全書》學術顧問委員會

學術顧問

（按姓氏音序排列）

邴　正　陳紅彦　程章燦　杜澤遜　關樹東　黃愛平　黃顯功　江慶柏

姜偉東　姜小青　李花子　李書源　李　岩　李治亭　厲　聲　劉厚生

劉文鵬　全　勤　王　鍔　韋　力　姚伯岳　衣長春　張福有　張志清

總序

『長白雄東北，嵯峨俯塞州。』吉林省地處中國東北中心區域，是中華民族世代生存融合的重要地域，素有『白山松水』之地的美譽。歷史上，華夏、濊貊、肅慎和東胡族系先民很早就在這片土地上繁衍生息，高句麗、渤海國等中國東北少數民族政權在白山松水間長期存在，以契丹族、女真族、蒙古族、滿族融合漢族在内的多民族形成的遼、金、元、清四個朝代，共同賦予吉林歷史文化悠久獨特的優勢和魅力，決定了吉林文化不可替代的特色與價值，具有緊密呼應中華文化整體而又與衆不同的生命力量，見證了中華民族共同體的融鑄和我國統一多民族國家的形成與發展。

提到吉林，自古多以千里冰封的寒冷氣候爲人所知，一度是中原人士望而生畏的苦寒之地，一派肅殺之氣。再加上吉林文化在自身發展過程中存在着多次斷裂，致使衆多文獻湮没、典籍無徵，一時多少歷史文化精粹『明珠蒙塵』，因此，形成了一種吉林缺少歷史積澱，文化不若中原地區那般繁盛的偏見。實際上，在數千年的漫長歲月中，吉林大地上從未停止過文化創造，自青銅文明起，從先秦到秦漢，再到隋唐直至明清，吉林地區不僅文化上不輸中原地區，還對中華文化産生了深遠的影響，爲後人留下了衆多優秀古籍，涵養着吉林文化的根脉，猶如璀璨星辰，在歷史的浩瀚星空中閃耀着奪目光輝，標注着地方記憶的傳承與中華文明的賡續。我們需要站在新的歷史高度，用另一種眼光去重新審視吉林文化的深邃與廣闊，通過豐富的歷史文獻典籍去閱讀吉林文化的傳奇與輝煌。

吉林歷史文獻典籍之豐富，源自其歷代先民的興衰更替、生生不息。吉林文化是一個博大精深的體系，從左家山文化的『中華第一龍』，到西團山文化的青銅時代遺址，再到二龍湖遺址的燕國邊城，都見證了吉林大地的文明在中國歷史長河中的肆意奔流。早在兩千餘年前，高句麗人的《黄鳥歌》《人參贊》以及《留記》等文史作品就已在吉林誕生，成爲吉林地區文學和歷史作品的早期代表作。高句麗文人之《新集》，渤海國人『疆理雖重海，車書本一家』之詩篇，金代海陵王詩詞中的『一咏一吟，冠絶當時』，再到金代文學的『華實相扶，骨力遒上』，皆凸顯出吉林不遜文教，獨具風雅之本色。

吉林歷史文獻典籍之豐富，源自其地勢四達并流、山水環繞。吉林土地遼闊而肥沃，山河壯美而令人神往，吉林大地可耕可牧、可漁可獵，無門庭之限，亦無山河之隔，進出便捷，四通八達。沈兆禔在《吉林紀事詩》中寫道，『肅慎先徵孔氏書』，印證了東北邊疆與中原交往之久遠。早在夏代，居住於長白山脚下的肅慎族就與中原建立了聯係。一部《吉林通志》，『考四千年之沿革，挈領提綱；綜五千里之方輿，辨方正位』，從時間和空間兩個維度，寫盡吉林文化之淵源深長。

吉林歷史文獻典籍之豐富，源自其民風剛勁、民俗絢麗。《長白徵存録》寫道，『日在深山大澤之中，伍鹿豕、耦虎豹，非素嫻技藝，無以自衛』，描繪了吉林民風的剛勁無畏，爲吉林文化平添了幾分豪放之感。清代藏書家張金吾也在《金文最》中評議，『知北地之堅强，絶勝江南之柔弱』，足可見，吉林大地與生俱來的豪健英杰之氣。同時，與中原文化的交流互通，也使邊疆民俗與中原民俗相互影響、不斷融合，既體現出敢於拼搏、鋭意進取的開拓精神，又兼具脚踏實地、穩中求實的堅韌品格。

吉林歷史文獻典籍之豐富，源自其諸多名人志士、文化先賢。自古以來，吉林就是文化的交流彙聚之地，從遼、金、元到明、清，每一個時代的文人墨客都在這片土地留下了濃墨重彩的文化印記。特别是，清代東北流人的私塾和詩社，爲吉林注入了新的文化血液，用中原的文化因素教化和影響了東北的人文氣質和文化形態；至近代以『吉林三杰』宋小濂、徐鼐霖、成多禄爲代表的地方名賢，以及寓居吉林的吴大澂、金毓黻、劉建封等文化名家，將吉林文化提升到了一個全新的高度，他們的思想、詩歌、書法作品中無一不體現着吉林大地粗狂豪放、質樸豪爽的民族氣質和品格，滋養了孜孜矻矻的歷代後人。

盛世修典，以文化人，是中華民族延續至今的優良傳統。我們在歷史文獻典籍中尋找探究有價值、有意義的歷史文化遺産，於無聲中見證了中華文明的傳承與發展。吉林省歷來重視地方古籍與檔案文獻的整理出版。自二十世紀八十年代以來，李澍田教授組織編撰的《長白叢書》，開啓了系統性整理、組織化研究吉林文獻典籍的先河，赢得了『北有長白，南有嶺南』的美譽；進入新時代以來，鄭毅教授主編的《長白文庫》叢書，繼續肩負了保護、整理吉林地方傳統文化典籍，弘揚民族精神的歷史使命，從大文化的角度折射出吉林文化的繽紛异彩。隨着《中國東北史》和《吉林通史》等一大批歷史文化學術著作的問世，形成了獨具吉林特色的歷史文化研究學術體系和話語體系，對融通古今、賡續文脉發揮了十分重要的作用。正是擁有一代又一代富有鄉邦情懷的吉林文化人的辛勤付出和豐碩成果，使我們具備了進一步完整呈現吉林歷史文化發展全貌，淬煉吉林地域文化之魂的堅實基礎和堅定信心。

當前，吉林振興發展正處在滚石上山、爬坡過坎的關鍵時期，機遇與挑戰并存，困難與希望同在。站在這樣的歷史節點，迫切需要我們堅持高度的歷史自覺和人文情懷，以文獻典籍爲載體，全方位梳理和展示吉林政治、經濟、社會、文化發展的歷史脉絡，讓更多人瞭解吉林歷史文化的厚度和深度，感受這片土地獨有的文化基因和精神氣質。

鑒於此，吉林省委、省政府作出了實施《吉林全書》編纂文化傳承工程的重大文化戰略部署，這不僅是深入學習貫徹習近平文化思想、認真落實黨中央關於推進新時代古籍工作要求的務實之舉，也是推進吉林優秀傳統文化保護傳承、建設文化强省的重要舉措。歷史文獻典籍是中華文明歷經滄桑留下的最寶貴的東西，是吉林優秀歷史文化『物』的載體，彙聚了古人思想的寶藏、先賢智慧的結晶。對歷史最好的繼承，就是創造新的歷史。傳承延續好這些寶貴的民族記憶，就是要通過深入挖掘古籍藴含的哲學思想、人文精神、價值理念、道德規範，推動中華優秀傳統文化創造性轉化、創新性發展，作用于當下以及未來的經濟社會發展，更好地用歷史映照現實、遠觀未來。這是我們這代人的使命，也是歷史和時代的要求。

從《長白叢書》的分散收集，到《長白文庫》的萃取收録，再到《吉林全書》的全面整理，以歷史原貌和文化全景的角度，進一步闡釋了吉林地方文明在中華文明多元一體進程中的地位作用，講述了吉林人民在不同歷史階段爲全國政治、經濟、文化繁榮所作的突出貢獻，勾勒出吉林文化的質實貞剛和吉林精神的雄健磊落、慷慨激昂，引導全省廣大幹部群衆更好地瞭解歷史、瞭解吉林，挺起文化脊梁、樹立文化自信，不斷增强砥礪奮進的恒心、韌勁和定力，持續激發創新創造活力，提振幹事創業的精氣神，爲吉林高品質發展明顯進位、全面振興取得新突破提供有力文化支撑，彙聚强大精神力量。

爲扎實推進《吉林全書》編纂文化傳承工程，我們組建了以吉林東北亞出版傳媒集團爲主體，涵蓋高等院校、研究院所、新聞出版、圖書館、博物館等多個領域專業人員的《吉林全書》編纂委員會，并吸收國内知名清史、民族史、遼金史、東北史、古典文獻學、古籍保護、數字技術等領域專家學者組成顧問委員會，經過認真調研、反復論證，形成了《〈吉林全書〉編纂文化傳承工程實施方案》，確定了『收集要全、整理要細、研究要深、出版要精』的工作原則，明確提出在編纂過程中不選編、不新創，尊重原本、致力全編，力求全方位展現吉林文化的多元性和完整性。在做好充分準備的基礎上，《吉林全書》編纂文化傳承工程於二〇二四年五月正式啓動。

爲高質量完成編纂工作，編委會對吉林古籍文獻進行了空前的彙集，廣泛聯絡國内衆多館藏單位，尋訪民間收藏人士，重點以吉林省方志館、東北師範大學圖書館、長春師範大學圖書館、吉林省社科院爲收集源頭開展了全面的挖掘、整理和集納；同時，還與國家圖書館、上海圖書館、南京圖書館、遼寧省圖書館、吉林省圖書館、吉林市圖書館等館藏單位及各地藏書家進行對接洽談，獲取了充分而精准的文獻信息。同時，專家學者們也通過各界友人廣徵稀見，在法國國家圖書館、日本國立國會圖書館、韓國國立中央圖書館等海外館藏機構搜集到諸多珍貴文獻。在此基礎上，我們以審慎的態度對收集的書目進行甄别、分類、整理和研究，形成了擬收録的典藏文獻名録，分爲著述编、史料编、雜集编和特编四個類别。此次編纂工程不同於以往之處，在於充分考慮吉林的地理位置和歷史變遷，將散落海内外的日文、朝鮮文、俄文、英文等不同文字的相關文獻典籍一并集納收録，并以原文搭配譯文的形式收於特编之中。截至目前，我們已陸續對一批底本最善、價值較高的珍稀古籍進行影印出版，爲館藏單位、科研機構、高校院所以及歷史文化研究者、愛好者提供參考和借鑒。

『周雖舊邦，其命維新』，文獻典籍最重要的價值在於活化利用。編纂《吉林全書》并不意味着把古籍束之高閣，而是要在『整理古籍、複印古書』的基礎上，加强對歷史文化發展脉絡的前後貫通、左右印證，更好地服務於對吉林歷史文化的深入挖掘研究。爲此，我們同步啓動實施了『吉林文脉傳承工程』，旨在通過『研究古籍、出版新書』，讓相關學術研究成果以新編新創的形式著述出版，借助歷史智慧和文化滋養，通過創造性轉化、創新性發展，探尋當前和未來的發展之路，以守正創新的正氣和鋭氣，賡續歷史文脉、譜寫當代華章。

做好《吉林全書》編纂文化傳承工程是一項『汲古潤今，澤惠後世』的文化事業，責任重大、使命光榮。我們將秉持敬畏歷史、敬畏文化之心，以精益求精、止於至善的工作信念，上下求索、耕耘不輟，爲實現文化種子『藏之名山，傳之後世』的美好願景作出貢獻。

《吉林全書》編纂委員會

二〇二四年十二月

凡例

一、《吉林全書》（以下簡稱《全書》）旨在全面系統收集整理和保護利用吉林歷史文獻典籍，傳播弘揚吉林歷史文化，推動中華優秀傳統文化傳承發展。

二、《全書》收録文獻地域範圍，首先依據吉林省當前行政區劃，然後上溯至清代吉林將軍、寧古塔將軍所轄區域内的各類文獻。

三、《全書》收録文獻的時間範圍，分爲三個歷史時段，即一九一一年以前，一九一二至一九四九年，一九四九年以後。每個歷史時段的收録原則不同，即一九一一年以前的重要歷史文獻，收集要『全』；一九一二至一九四九年間的重要典籍文獻，收集要『精』；一九四九年以後的著述豐富多彩，收集要『精益求精』。

四、《全書》所收文獻以『吉林』爲核心，着重收録歷代吉林籍作者的代表性著述，流寓吉林的學人著述，以及其他以吉林爲研究對象的專門著述。

五、《全書》立足於已有文獻典籍的梳理、研究，不新編、新著、新創。出版方式是重印、重刻。

六、《全書》按收録文獻内容，分爲著述編、史料編、雜集編和特編四類。

著述編收録吉林籍官員、學者、文人的代表性著作，亦包括非吉林籍人士流寓吉林期間創作的著作。作品主要爲個人文集，如詩集、文集、詞集、書畫集等。

史料編以歷史時間爲軸，收録一九四九年以前的歷史檔案、史料、著述，包含吉林的考古、歷史、地理資料等；收録吉林歷代方志，包括省志、府縣志、專志、鄉村村約、碑銘格言、家訓家譜等。

雜集編收録關於吉林的政治、經濟、文化、教育、社會生活、人物典故、風物人情的著述。

特編收録就吉林特定選題而研究編著的特殊體例形式的著述。重點研究認定『滿鐵』文史研究資料和東北亞各民族不同語言文字的典籍等。關於特殊歷史時期，比如，東北淪陷時期日本人以日文編寫的『滿鐵』資料作爲專題進行研究，以書目形式留存，或進行數字化處理。開展對滿文、蒙古文，高句麗史、渤海史、遼金史的研究，對國外研究東北地區史和高句麗史、渤海史、遼金史的研究成果，先作爲資料留存。

七、《全書》出版形式以影印爲主，影印古籍的字體版式與文獻底本基本保持一致。

八、《全書》整體設計以正十六開開本爲主，對於部分特殊内容，如，考古資料等書籍采用一比一的比例還原呈現。

九、《全書》影印文獻每種均撰寫提要或出版説明，介紹作者生平、文獻内容、版本源流、文獻價值等情況。影印底本原有批校、題跋、印鑒等，均予保留。底本有漫漶不清或缺頁者，酌情予以配補。

十、《全書》所收文獻根據篇幅編排分册，篇幅適中者單獨成册，篇幅較大者分爲序號相連的若干册，篇幅較小者按類型相近或著作歸屬原則數種合編一册。數種文獻合編一册以及一種文獻分成若干册的，頁碼均單排。若一本書中收録兩種及以上的文獻，將設置目録。各册按所在各編下屬細類及全書編目順序編排序號，全書總序號則根據出版時間的先後順序排列。

懷德縣志

趙亨萃　李宴春　趙晋臣　纂修

提　要

《懷德縣志》由趙亨萃、李宴春、趙晋臣纂修。記事止於民國十八年（一九二九），民国十八年（一九二九）遼寧中和印書館印，綫裝四册。

該志共十五卷，内容涵蓋地理、職官、民治、教育、財政、司法、交通、實業、人物、古迹、禮俗、物産、慈善、藝文、兵事。此外，尚有圖十一幅，著者及其他實物照片十一張，序文三篇，凡例十三則。編纂者注重考據，如《地理卷》詳述歷代建置沿革，辨析山川河流名稱淵源；《職官卷》列歷任知縣、承審員表，并附警察、教育機構沿革，兼具檔案價值。該志系統記録了懷德縣自清初設治至民國前期的歷史沿革、社會變遷及地方風貌等内容，爲瞭解懷德縣的歷史沿革提供了史料，也爲公主嶺市的歷史研究提供了資料，具有重要的史料價值。

爲盡可能保存古籍底本原貌，本書做影印出版，因此，書中個别特定歷史背景下的作者觀點及表述内容，不代表編者的學術觀點和編纂原則。

縣長李宴春

總纂修孫雲章

協修郭兆麟

協修張玉城

文廟

仙人觀

楊大城鎮無量宮祖師陳來復於同治七年在觀坐化時有本街商人盧姓外出歸途遇陳來復略續片刻抵鎮始知其業已羽化盧即爲其刻造撒手成仙石匾一方又在觀前建築牌樓樹石質旗杆觀内穴地八尺四面以磚砌成前有門其徒趙本普守觀三年後將門封閉今遺迹婉然仙人觀即其遺骸存所

公主陵前面

本片爲公主陵撮影陵在邑西南九十里之小城子村相傳所葬者爲和碩親王公主下嫁於蒙王世子葬於咸豐三年在清時每歲秋有蒙人致祭今則饗殿猶存墻垣頹圮榛莽深蔚古木森然此影爲陵之前面也

公主陵背面

本片爲公主陵之背面其地址及來歷詳另片陵之正面陵後突出地上者爲公主之塚殿左之一塚則不知所葬爲何人短垣圍繞古木杈枒每屆夏令則草木青葱纖塵不起過其處者恆留連不置云

石佛

在縣境西北三十五里石佛村王姓院内泥首石身高五尺七寸下寬四尺七寸清光緒年間在王姓宅東河中發現有身無首佛座下鐫有文字係宋代所製惟年代糢糊難辨王姓以爲古佛可尊遂補以泥首謹倖祀之後遂以石佛名村

古砲

城內共有鐵砲四座在縣城西門一座在西北門一座此即縣政府大堂前之二座也爲同治十年十一月間鑄成各重三百餘斤長三尺七寸

懷德師中學校

懷德縣公署平面略圖

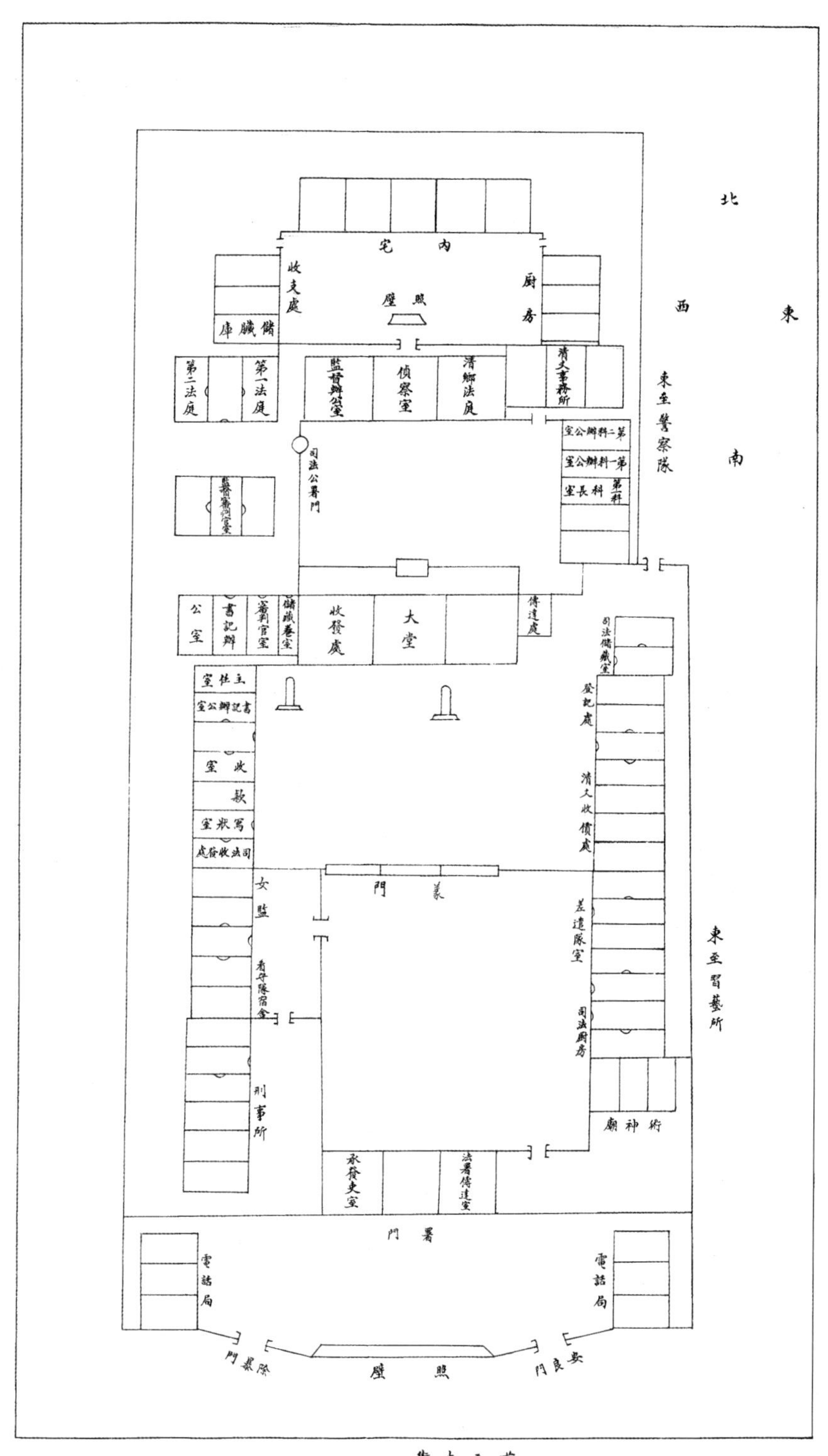

前至大街

懷德縣公安局平面圖

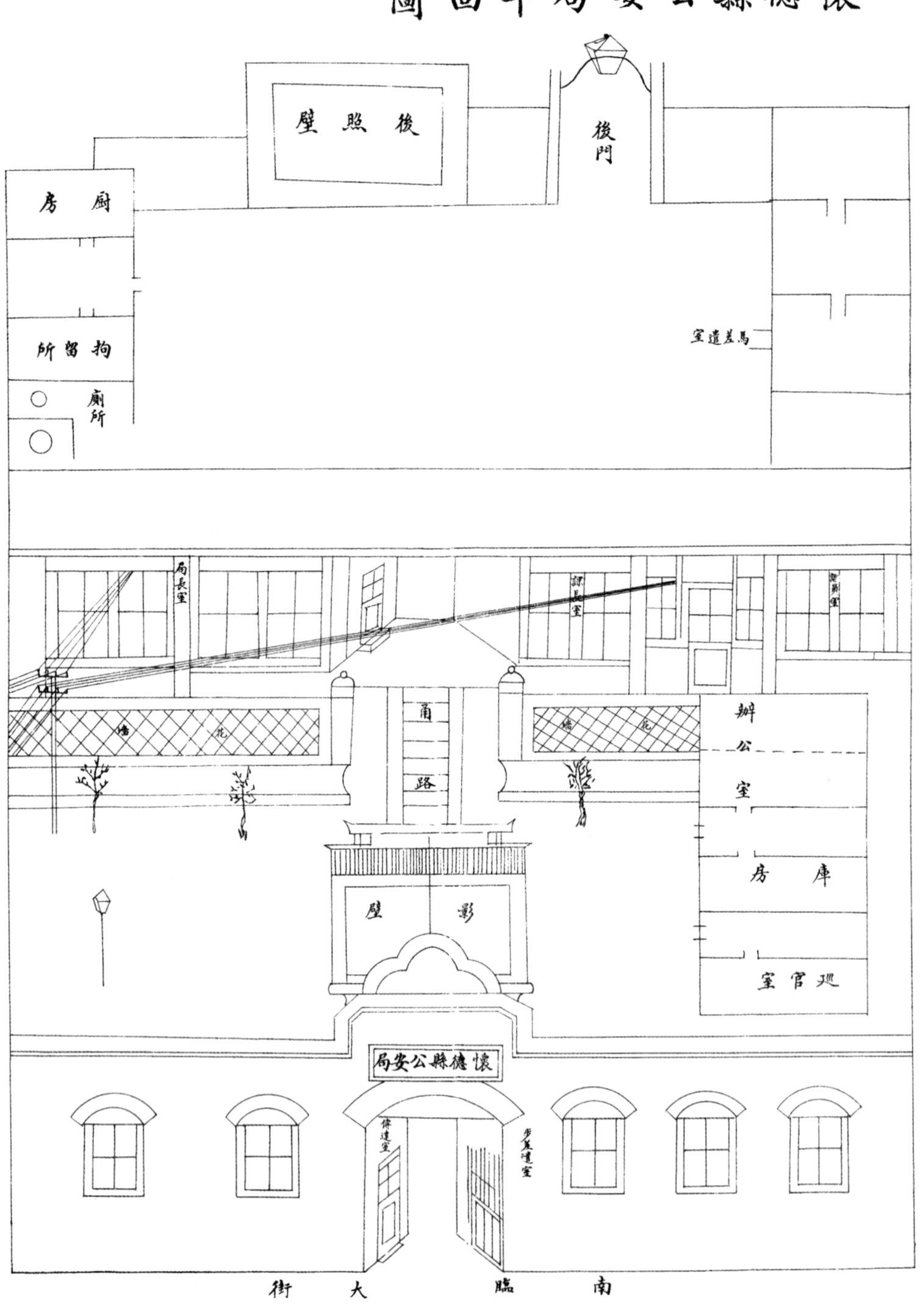

懷德縣教育局暨圖書館平面圖

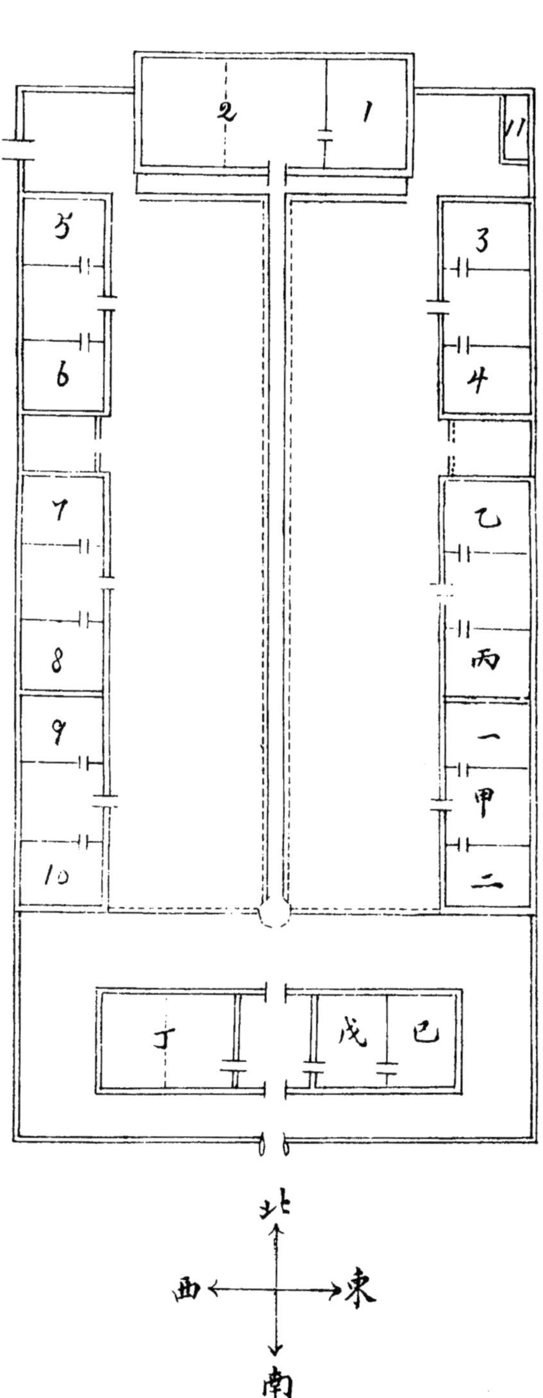

圖例

牆垣　花墻　甬路　間壁　通壁　門

說明

教育局

1 局長室

2 客廳

3 課長室

4 辦公室

5 會計室

6 督學室

7 8 教育委員室

9 膳廳

10 廚室

11 廁所

圖書館

甲 閱覽室

一 二 藏書室

乙 教育會長兼館長室

丙 講演員室

丁 平民學校

戊 傳達室

己 儲藏室

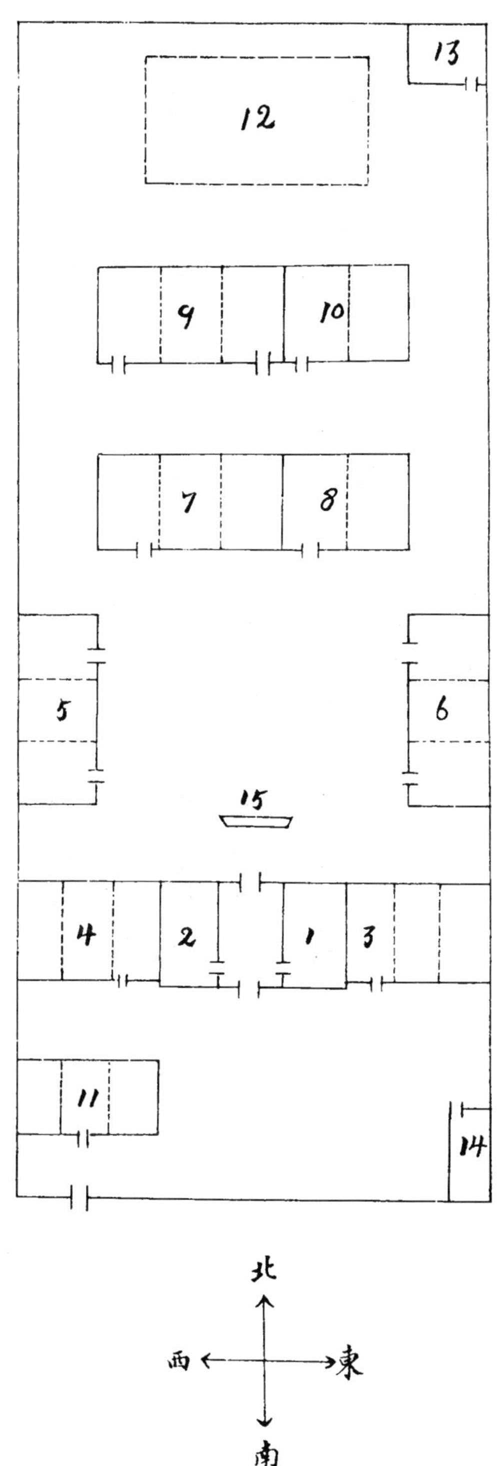

懷德縣立第四小學校暨女子師範講習科校址平面圖

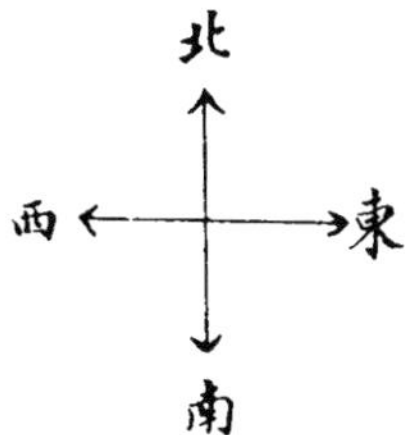

圖例

牆垣	通壁	場界	門	揭示處

說明

1 校長室
2 客廳
3 教師室
4 教師厨室
5 學生寢室
6 初級教室
7 初級教室
8 高級教室
9 女師教室
10 初級教室
11 傳達室
12 游戲場
13 學生厠所
14 教師厠所
15 揭示處

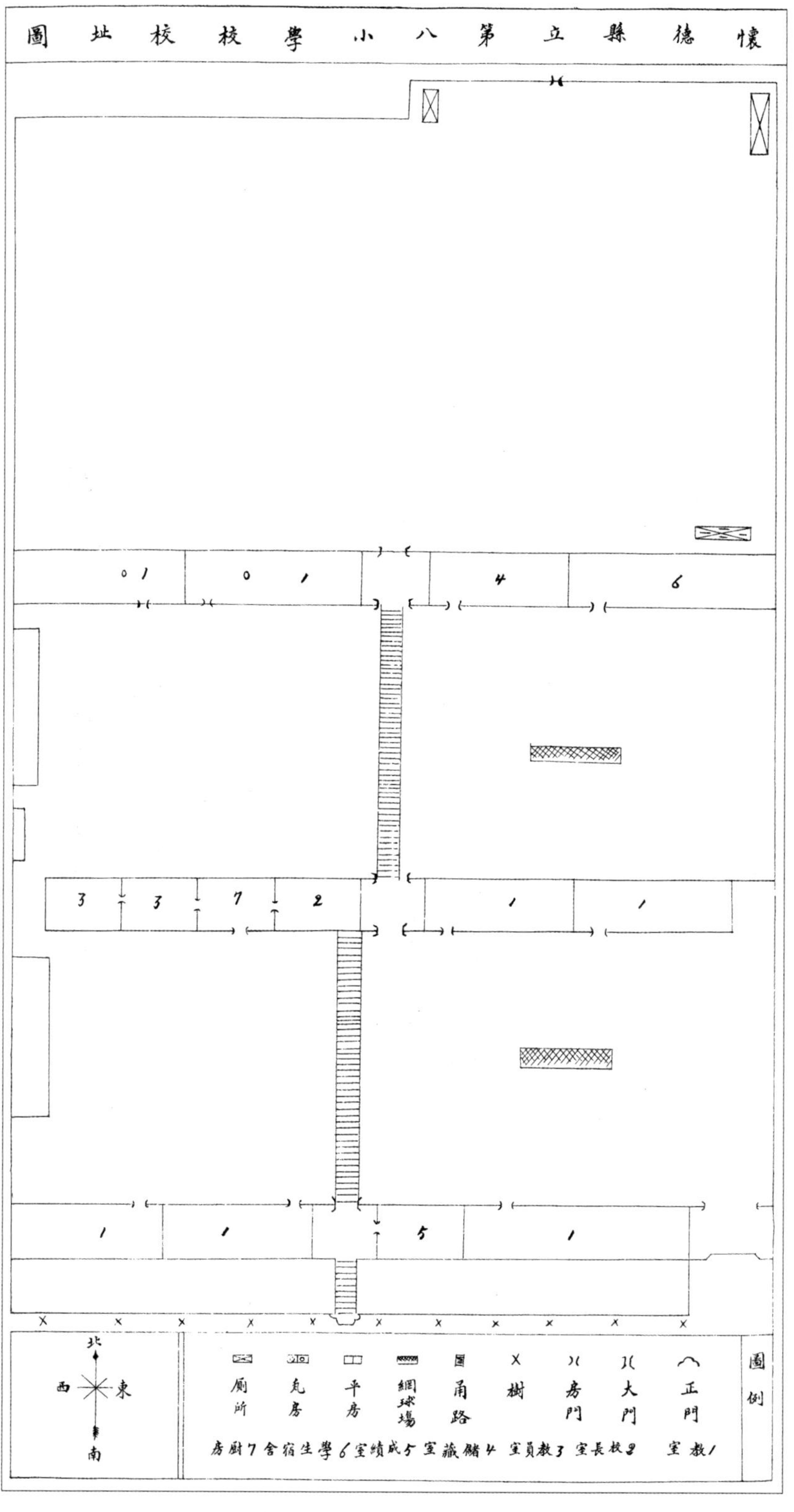

懷德縣立第八小學校校址圖
圖例
正門
大門
房門
樹
甬路
網球場
平房
瓦房
厠所
北
南
東
西
1教室 2校長室 3教員室 4儲藏室 5成績室 6學生宿舍 7厨房

縣城第九小學校址圖

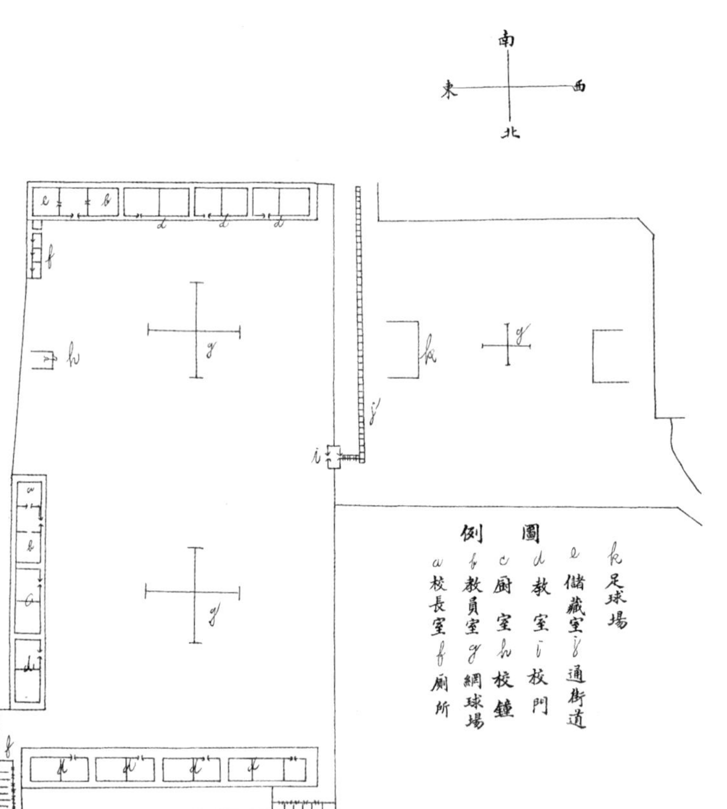

懷德縣街全圖

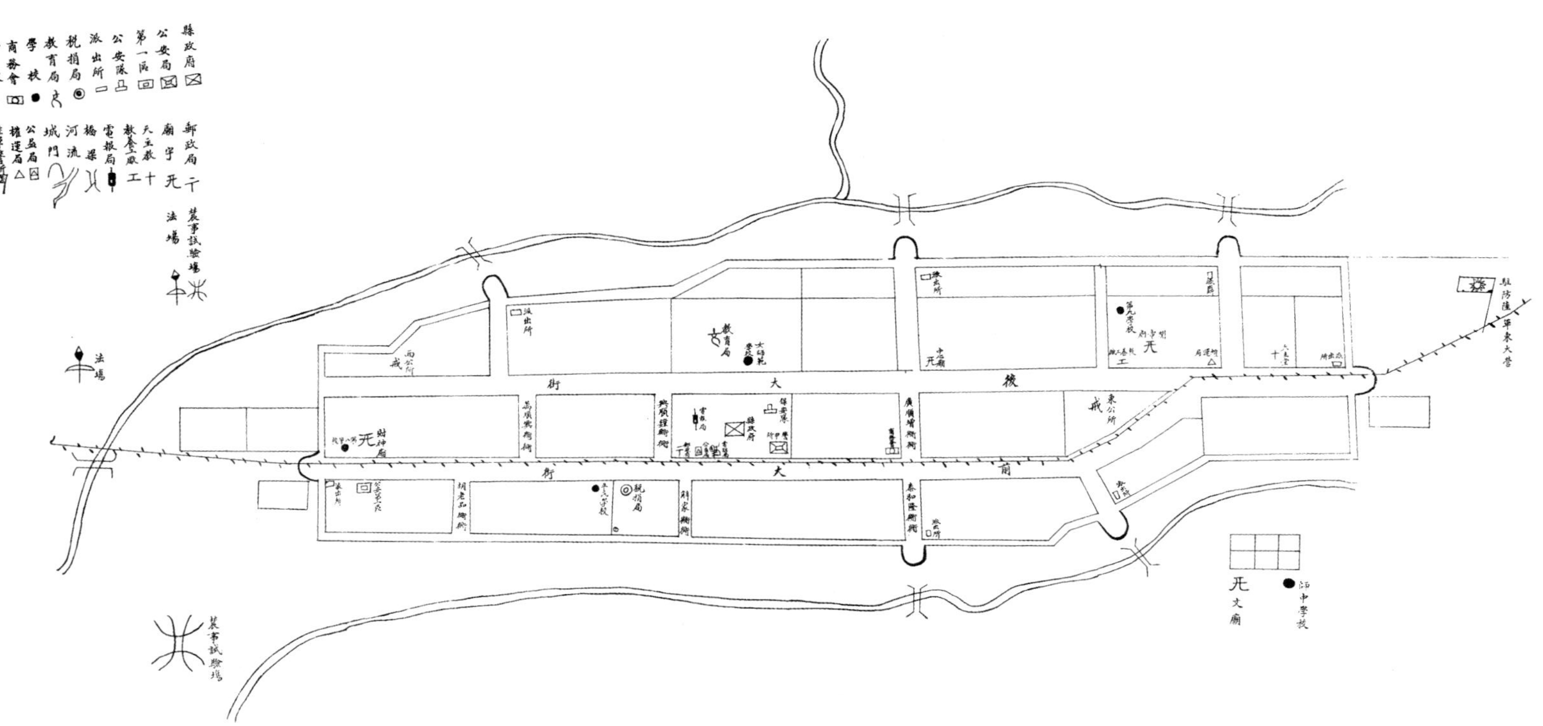
縣政府
公安局
第一區
公安隊
派出所
稅捐局
教育局
學校
商務會
電線
郵政局
廟宇
天主教
教堂
電報局
橋梁
河流
城門
公益局
農事試驗場
法場
後大街
前大街
東公所
西公所
文廟
中學校
駐防隊

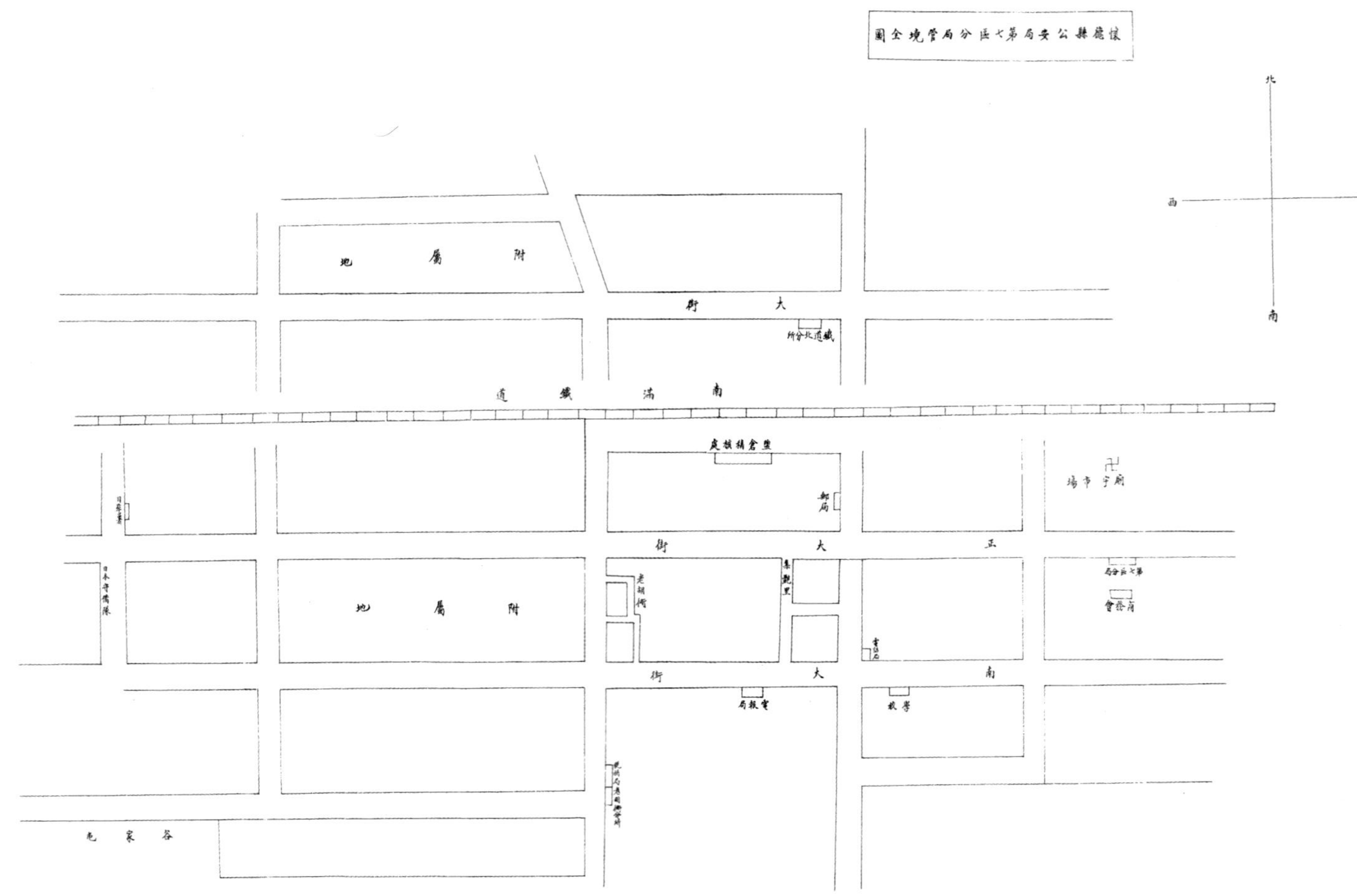
懷德縣公安局第七區分局管境全圖
北
南
東
西
南滿鐵道
大街
附屬地
附屬地
五大街
南大街
郵局
電報局
市場
谷家屯

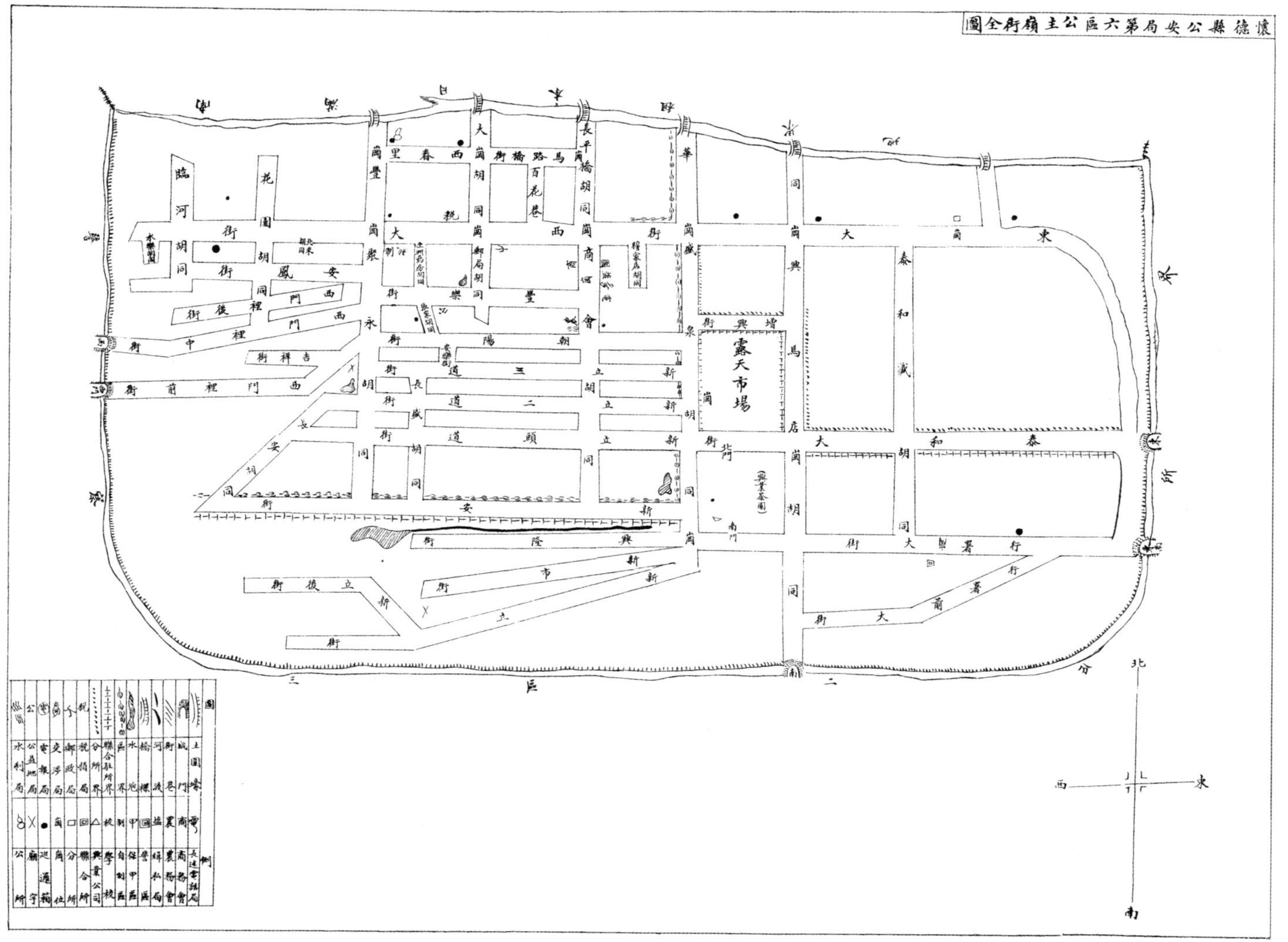
懷德縣公安局第六區公主嶺街全圖
露天市場
北
南
東
西

序

自古爲政之道欲悉民物之情爰重輶軒之採所以紀風俗察庶務大則名山巨川通都奥區小則一草一木一歌一思皆足以覘政教考得失葩經歷歷可考也懷德昔爲女眞部落蓁莽未闢蒙人資爲游牧有清末葉道光元年始行開墾蓋借地以養民也同治五年始設分防經歷隸屬昌圖廳光緒三年改設縣治全境無山土沃風純鄉賢名宦代不乏人宴春於民國十七年十二月奉檄來宰斯土迄今甫七閱月自顧才薄學淺於地方應興應革諸務賴邦人士指臂相助未至叢脞已云幸矣其間奉令督修縣志宴春下車伊始所見既狹所聞尤陋其事

綦繁其期更迫眞有治懷德難而志懷德尤難之慨矣先是儲令倡修縣志議而未行即行解組繼則趙吳兩令奉令輯修均爲期不久相繼調轉雖發凡起例略具規模而搜集採訪迄未大備主纂趙孝廉晉臣乃任職未久即修文見召終始其事者惟孫君襄文一人而已際茲事期交迫之時不得不草草將事于是孫君襄文任纂修郭君兆麟任編輯都爲十六卷八十五目焚膏繼晷竟於最短期內克付梨棗雖不敢云纖細靡遺而已往掌故及人事變遷政治推移胥略述焉後之覽斯志者倘哂爲採之不詳擇之不精 宴春 曷敢辭咎盡美盡善以俟來者可也是爲序

中華民國十八年六月　懷德縣縣長李宴春撰

懷德縣志序

古無所謂志也如禹貢即地理志也月令即歲時志也三禮中之冠昏喪記即禮俗志也二典中之命羲和載玉衡即天文志也至於以潤月定四時後世之志律歷者祖焉訪箕子陳洪範後世之志五行者祖焉經也而志寓焉矣自邦國之志掌於小史至司馬氏創爲八書班氏標爲十志志也又史之一體也縣志不知所自昉縣志之存於四庫全書中者以宋朱長文之吳郡圖經續記周淙之乾道臨安志爲最古然則郡縣之志其盛於宋之世乎自是以後縣各有志陳陳相因其數不可紀計矣有以簡潔稱者康對山之志武功是也有以典雅稱者王湘綺

之志衡陽是也又有隨敘隨論多加按語見稱者陸稼書之志靈壽是也標奇矜異各抒杼柚若千篇而一律究未免夫拘墟總之以備掌故扶倫常有益民風吏治是爲貴耳章於戊辰冬謬承邑侯李公延修縣志與邑紳趙公迺唐總司纂修未蕆事而趙公遽歸道山幸賴科長郭君與邑人士分任職務相助爲理凡爲總目十有六分目八十有五閱六月而稿脫自視膚淺不文疵謬百出儼同急就之草未克就正於高明只堪覆瓿之材甚希筆削於來者

民國十有八年六月邑人孫雲章識

序

我懷本蒙古游牧之區自清道光初始招墾光緒初始設治迄今五十餘年向無志書前此奉飭有鄉土志之刻然語焉不詳去夏省中彙集通志牒催至再　縣長李公大章邀集紳耆商訂斯舉夫志昉自班書厥後省會有志郡縣有志而體例率不一致然皆有所依據而爲之者也華陽國志臨安志古今稱爲善本明康對山武功縣志尤謹嚴有法度懷邑初闢荒蕪於古蹟一門既無碑碣可考而經制文物風俗物產亦復與毗境等今　李公爬羅疏剔與諸賢共泐成書亦足見搜採之勤而慕善之勇已今不遠數千里徵序於鄙人桑梓敬恭其何以謝不

敏哉爰綴數語附諸簡末

歲次己巳夏六月榮文祚序於都門

懷德縣志

凡例

一 懷德曩無志書祇有鄉土志一帙其體例又與志書不合茲編採入者甚多文獻足徵之意也

一 懷德地處邊陲開化殊晚人乏博學家鮮藏書志屬草創難倍他縣茲編總分目錄以瀋陽縣志爲粉本盖瀋陽爲我省首善之區纂修諸公均屬當時碩彥鴻儒且其出版在民國紀元以後故不避雷同之嫌引爲取法之師

一 鄉土志係光緒三十三年邑侯姚公詩馨聘邑紳趙公聲遠榮公誼雲與（雲章）分類編輯者也茲編所採入者如建

置因革榮公之筆山脈河流兵事古蹟等目趙公之筆至於禮俗各目又本於孫公酉山手纂之禮俗表也或用參考或用全文茲特標明示不敢掠人之美以爲己有

一 瀋陽縣志無兵事門鄉土志有之爰增此門以備掌故

一 自來志例無列諸生者昌圖縣志特列之創格也茲編因之不但標歲科二試爲科舉之初級且以結五百年來以八股掄才之局云

一 史體善惡備書志例則專書善不書惡是以志之人物非有彰明較著之事實不敢妄錄茲編所志者均係確有可憑秉公列入蓋採擇太嚴恐傷於刻善美從長古人所貴

也

一懷德放荒始逾百年每問父老道光初元軼事則渺如大庭赫胥之世莫可究竟設治將六十年而職官姓氏竟有失傳者光緒三年設儒學竟不知於何年開始縣考經始入泮者已不能指爲某姓某氏矣斯所謂文獻不足故也史有缺文古今同慨茲編知則書不知則不敢附會以示存疑

一縣志例有天文考昌圖縣志以科爾沁之地古與三韓接壤三韓之星野爲箕宿昌圖星野定爲箕宿懷德亦宜屬之邑中研究星野之學者殊鮮故闕之以俟明於此者續

志焉

一 邑中鄉型耆舊綽有古風宜傳者多矣茲編不過數人採訪未周之故也烈女亦然統俟異日續入

一 藝文凡有關本邑建置者一律採入雅俗不論焉

一 茲編區域統用警區蓋警察有保安地方之責也

一 鄉土志有政續〔績〕門皆官於此有功德者也茲編列於人物標爲宦績位於鄉賢之上尊循良也

一 志中有圖有表古例也茲編因之以便閱者

懷德縣誌目錄

懷德縣志第一卷

地理

爾雅云空桐之人截大蒙之人信者何也地理使然大戴記云堅土之人肥虛土之人大者何也亦地理使然地理與民生之所係大矣哉是以周官有職方之載班氏詳地理之書及夫歷代均有專帙下至邑乘亦誌輿圖也懷德之地上古原列藩荒自漢而後繼有東夷之記統屬簡略之辭洎遼金建國軍府棋布州縣星羅地理沿革始詳紀述而欲指本境確爲何州何縣則古蹟無徵搢紳先生蓋難言之至明置外衛清列蒙藩史册固可稽也昔亞聖以土地爲諸侯之一寶今學者又以土地爲

立國之要素茲編冠地理於篇首意在斯乎是以述建置考變遷也述疆域著八到也述經緯晷刻氣候天文之地理也述面積地勢險要山水地文之地理也他如城池衙署區劃田畝村鎮則事以類聚制因時遷一縣規模撮其大要則爲人文之地理也爰誌爲歷代建置沿革表一考二述地理第一

歷代建置沿革表

唐虞　肅慎氏地　商周　息慎氏地　秦漢　遼東四郡北境　後漢　夫餘國地　晋隋　契丹靺鞨之南鄙　唐初黑水府地　後　爲渤海扶餘府地　遼　黃龍府境　金咸平路境　元　開元路境　明　遼海衛　清　科爾沁

達爾汗王左翼中旗地　同治五年設分防經歷　隸昌圖廳
光緒三年　改爲懷德縣　隸昌圖府　民國仍爲縣　列
二等　隸洮昌道　中華民國　仍爲懷德縣　列二等　隸
洮昌道

歷代建置沿革考

虞舜肇分靑州東北遼東等處爲營州其東則肅愼氏之國也
山海經云大荒之中有山名不咸有肅愼氏之國竹書紀年有
虞二十五年息愼氏來朝又周武王十五年肅愼氏來賓其曰
息者音之轉也晋書肅愼在不咸山北廣袤數千里按不咸即
今長白山距吉林省城東南六百餘里縣境距吉林省城三百

餘里以此度縣境在虞夏商周四代應屬肅愼無疑秦爲遼東障塞以北之要荒遼之咸平在今鐵嶺開原境元一統志云咸平秦築障塞以限要荒之地也漢則玄菟郡北塞外地也漢書地理志玄菟郡高句驪有南蘇水西北經塞外陳奐水道圖說謂今昌圖府東境赫爾蘇河即南蘇水西北流經科爾沁左翼乃漢塞外地也即今縣西之遼河後漢扶餘國地後漢書在玄菟郡北千里三國魏志扶餘方可二千里盛京通志謂自開原東北甯古塔黑龍江等地皆其境也兩晉同南北朝及隋統一天下屬契丹唐屬黑水府後渤海大氏盛取其地爲扶餘府盛京通志自開原縣東至吉林皆黃龍府地即渤海扶餘府也縣境尙爲其西鄙遼置信州彰聖軍領武昌武定二縣全遼志云信州在開原東北三百十里宋許元宗奉使行程錄云自信州九十里至蒲里索董塞又四十里至黃龍府計程一百三十里今農安縣爲黃龍府故址縣治東北距農安境一百四十餘里西南距開原三百餘里以里數揆之縣境即古之信州地也盛京通志科爾沁左翼東南三百八十餘

里有故城土人呼爲信州城今縣西秦家屯有故城呼爲新集城豈其音之轉訛耶又云信州在鐵嶺北開原南蒙古游牧記又云信州在鳳凰廳今爲鳳凰縣距農安縣千餘里揆之行程幾里數相差甚距金爲咸平路屬上京元爲開原路明初爲遼海衛續通攷云洪武八年設遼東都指揮領如衛改元之開原路爲遼海三萬二衛外衛昌圖府尚存遼海衛石碣洪武二十二年又置外衛福餘疑即扶餘之轉音以元裔兀良哈爲都指揮掌衛事後自立國號科爾沁考科爾沁部皆元太祖之弟哈布圖哈薩爾後七傳至阿克薩噶勒泰有子二長阿魯克特魯穆爾即內蒙古兩科爾沁之祖傳至十世孫名奧巴者率其族先諸蒙古附前清清封以土謝圖漢之號按科爾沁東西距八百八十里南北距二千一百里東至札賚特界西至札魯特界南至柳條邊北至索倫西至北京一千二百八十里分兩翼編六旗統監於哲里木縣境在該部極東南處屬左翼中旗該旗駐伊克唐噶哩克坡在喜

峰口東一千零六十里乾隆四十九年理藩院奏准科爾沁旗達爾汗王地方游牧商民近開原縣者即交開原管理嘉慶七年弛流民出邊禁荒地漸墾道光元年始奉令收價放荒與蒙王納租稅焉劃歸昌圖廳按昌圖縣志有借地養民之説殊屬無據查該志一則曰准漢人墾田再則曰繼續招墾夫既曰招墾是該旗自招也何得云借既曰准墾是該旗奉清旨允准也又何得云借況當嘉慶道光之際正清室極盛之時東三省官荒旗荒東南至海東北至外興安嶺幅員數千里全未開墾更何致借科爾沁地以養民乎由是言之則借地之説出於蒙旗臆造可知也又查編纂昌圖縣志者係昌圖恩阜地局幕賓恐其難爲信史也同治五年設分防經歷仍歸昌圖廳光緒三年昌圖改設知府於昌圖治內東北境八家鎮舊有經歷員缺改設懷德縣隸昌圖府至民國仍爲縣列二等隸洮昌道綜而言之自虞夏商周而後雖屬肅慎夫餘契丹遼金蒙古諸族史册可稽而若詳明精確則書缺有間金石無徵茲略述其近是者云爾

歷代建置沿革考

禹貢靑冀二州之東北境舜分九州爲十二遼以西剖冀州東北境爲幽州遼以東剖靑州海外境爲營州孤竹居其西極東則肅愼氏之故址也縣治當在肅愼之西界內商周之際或曰息愼或曰思愼仍肅愼故地息思皆其轉音春秋戰國時近東胡地秦漢則遼東四郡之北境後漢爲扶餘國地歷兩晉南北朝及隋統一天下爲契丹靺鞨之南鄙或有時爲新羅地唐時設黑水府都督府後渤海大氏盛取其地改爲扶餘府遼置信州彰聖軍領武昌武定二縣屬東京縣治或近之然當爲黃龍府屬地科爾沁旗東南二百餘里有隆安城或即黃龍府之舊

也金爲咸平路屬上京滿洲地志安邊府領安瓊二州滿洲源流攷云遼之安州即渤海之安邊府金之歸仁縣而隸於咸平府謂此地應在開原邊外松漠記聞云由信州二百九十里至於安州之南鋪店大清一統志謂信州爲越喜之古地當鉄嶺之東北界按由信州東北二百九十里則當現今吉林與盛京疆地之近旁縣治即其地也元爲開元路北境明設努爾干都司領外衛八十有四昌圖府即明之遼海衛其石碣尚存又北置福餘外衛以元後兀良哈爲都指揮掌衛事實即科爾沁旗部落之緣起其旗在喜峯口東北八十七里至京師千四百八十里與扎賚特部一旗杜爾伯特部一旗左翼附郭爾羅斯部

二旗統盟於哲里木按科爾沁旗地東西距八百七十里南北距二千一百里東至郭爾羅斯界西至扎魯特界南至盛京邊牆北至索倫界其境內分兩翼又分前中後旗凡六旗縣治在旗地之極東南處屬左翼中旗乾隆四十九年理藩院奏准科爾沁旗達爾漢親王地方游牧商民居址近開原縣者即交開原管理同治五年設分防經歷隸昌圖廳光緒三年昌圖改設知府於昌圖治内東北境八家鎮舊有經歷員缺改設懷德縣隸昌圖府民國改元仍爲懷德縣列二等隸洮昌道大抵遼東之地雖經唐虞分州而後歷史有徵然終以奉天錦州遼陽等處爲有據若懷德縣治爲遼東之東歷肅慎扶餘契丹靺鞨新

羅諸部落或割據爭雄或稱藩附欵本徼外之地隷徼外時爲多兹僅溯其崖略云爾鄉土志

疆域

本縣在奉天省城東北五百四十里在洮昌道尹公署東南二百四十里地形略爲截尖之牛角南寬而北狹東南西北斜衜長凡二百十里中寬八十里縣城偏處東北正東十里至宋大屯與長春縣爲界東南百二十里至伊通縣邊門正南百里至柳條邊西南百三十里至赫爾蘇門皆與伊通縣接壤正西至遼河六十里逾河即梨樹縣界正西偏北百三十里至哈拉巴山與雙山縣爲界西北偏西百二十里至何家店與長嶺縣爲

界西北六十里至八寶湖正北十五里至朝陽山皆與長春縣爲界

經緯度

本縣地位東起東經線九度西極東經線八度南起北緯線四十三度二十五分北極北緯線四十四度十分縣城居東經八度三十分北緯四十三度五十分

晷刻

本縣晝夜時刻冬至日出辰初三刻五分日入申正初刻十分晝長三十三刻五分夜長六十二刻十分夏至日出寅正三刻十分日入戌正二刻五分晝長六十二刻十分夜長三十三刻

五分

氣候

本縣氣候夏月極熱之日華氏表昇至九十度惟夜間甚凉或降至六十度冬月極冷之日降至零度以下或降至十四度春秋約五十度上下每歲霜降後水始冰清明前凍始解

附錄光緒十年欽天監曆書北京與科爾沁比較氣候

立春　北京　正月初八日申正二刻十二分
　　　科爾沁　正月初八日酉初初刻

立秋　北京　六月十七日午正二刻二分
　　　科爾沁　六月十七日午正三刻五分

按科爾沁之立秋較之北京遲一刻三分推之立夏立冬二分二至莫不皆然

冬至日出（北京辰初一刻十分 科爾沁辰初三刻五分）

冬至日入（北京申正二刻五分 科爾沁申正初刻十分）

冬至晝長（北京三十六刻十分 科爾沁三十三刻五分）

冬至夜長（北京五十九刻五分 科爾沁六十二刻十分）

按科爾沁之日出較北京遲一刻十分日入較北京速一刻十分晝短三刻五分夜長三刻五分

附錄昌圖府志氣候說

北京北極出地高三十九度五十分府治北極出地高四十三度零九分據此推算則二至晝夜差一刻十分二至日出入差十三分府治在北京偏東七度四十一分故節氣時刻應遲三

十一分

按前清奉天各縣民間通行歷書均係仿順天府歷書印刻者故所列氣候統與奉天不合惟由北京欽天監印發各縣者爲確攷欽天監印發歷書有科爾沁部無懷德縣名蓋科爾沁者列在藩服蒙王歲時朝貢虔奉正朔故歷書頒焉所以示帝王大一統之隆軌也茲編採入科爾沁氣候於前是明縣境之所在又列昌圖府氣候於後是崇縣治之所轄也余素未習天官之書故列成說俟後之明天文者精確攷正焉

茲將華氏表每月溫度平均度數列左

月份	度數	月份	度數

一	一三、八	七	八九、○
二	二○、一	八	七二、一
三	二七、四	九	七○、五
四	五二、七	十	五六、二
五	六四、○	十一	二四、五
六	七四、一	十二	一三、八

面積

縣境面積一萬三千餘方里東南西北斜長二百里東西直寬八十里截長補短廣袤各一百一十餘里周圍五百六十里有奇

地勢

治境一大平原也居奉省之北陲通吉黑之孔道南有柳條邊爲之屏北有大青山爲之障西遼河繞於右新開河護於左誠天然之形勝也自南滿鐵路以長春爲起點本邑與長春爲鄰封雖隸屬之各殊實脣齒之相輔影響所及休戚共之語云地勢隨時勢爲轉移諒哉嗟乎南陽之返田無日臥榻之酣睡難容有斯土守斯土與居斯土者將何以美（善）其後耶

險要

縣東南有大嶺市焉爲吉黑毘連之重鎭西南有朝陽坡據遼河之要津西北有楊大城作北門之鎖鑰斯即懷德之三輔也

自鐵路橫貫於南境對於三站則公主嶺爲險對於二站則白龍駒山爲要斯又懷德之二衝也至於新開河爲馬賊出沒之區西河套爲匪盜逋逃之藪是則肩地方保安之責者因地設防隨時痛剿焉可耳

山脈

懷德惟南境有山亦無高大者北路盡屬土阜强以山名之耳西路哈拉巴山最高大然猶在境外今因東北支麓有在界內者故並錄之

哈啦巴喇山

山在第八區縣正西距城百三十餘里距界壕五里許高百仞

其南靠西有石磊一所青石嵯峨壁立數仞山巔有蒙古人堆石爲奧保南面山有一古廟西南北三面頗形陡峻欲涉山巔非從東北麓莫由以升啦哈巴喇者蒙古語黑虎也以山麓自東北起棉延數里愈西南愈高至近峯處又突起其巔亦西南東北斜長西至極處山勢陡駐而稍南轉有卧虎昂首回顧之勢故名山前即由縣赴雙山縣之通衢

白龍駒山

山在縣城東南第二區鐵道北山高十丈東西長二里產紅色石爲懷長之分界但屬懷境者不過三之一耳

平頂山

在第二區鐵道南平巒高五丈東西長一里

尖山子

在平頂山之南尖峯高六丈方圓一里

元寶山

在第四區鐵道之北山高五丈

黑山嘴

在第三區朝陽坡南長十餘里高十餘丈不等由東南而西北而西俯瞰遼河而止

大青山

山在縣北第五區距城三十五里高十丈東西長三里爲懷德

長春之分界

寶泉山

山在縣城西北第五區土阜高八丈但以山名耳

團山子

山在縣城西北第五區濱臨長春府界高十丈又一團山子在城正西北平安社突起土阜高五丈週一百餘弓縣城之水在此山前逕過

太平山

山在縣城西第五區土阜起伏高十餘丈不等

小山

在第二區白龍駒山之東南高四丈寬長各一里產青石懷德長春之分界即在此山之中

萬靈山

在第三區鐵路南高五丈鄉土志

河流

懷境乃一分水嶺也水從邊裡入境之大者西則遼河東則新開河然新開河流注不遠即入長春境且水勢大小懸殊長春之水東北流注松花江懷德之水西流注遼河而入海當奉吉兩省之交而水勢劃分若天然者亦一奇也遼河爲懷梨之界河第以水性無定遷改不常今北流處臨懷境者十之八向西流

處臨懷境者不過十之二三而已故以遷改出境者曰新河以涸流舊河曰界河以別之境內之水多無的名謹仍水經注例以遼河爲綱餘水爲支等源併者曰合小歸大者曰入注遼河處曰注言支河處低一字以淸眉目而便閱覽至水自外入者未究其源水流他境未詳其逕以在界外故也

遼河自西安縣之遼河掌發源由赫爾蘇門東出邊自第三區入境北流過黃酒館村前一水從東南來注焉

水自邊裡二十家子北流出邊亦自第三區入境西北流至此入遼河

又北過李家大窩堡逾鐵路北一水從東南來注焉

水承二源西源自燒鍋溝東一源自張家店北流出邊至靠山屯西二水合而西北流過鐵路至此入遼河

又北流至山梨紅隈子前一水從東來注焉

水發源自恆頭山子葦子溝等處從公主嶺站西頭過鐵路西北流至此入遼河

又北流至黑山咀子南一水從東注焉

水承二源西源自二道溝北流出邊東源自十三家子北流出邊均由第三區入境至臥龍泉北二水合而北流自公主嶺東過鐵路至大窪北而西流至此入遼河

又北至黑山咀子前清水溝子從東注焉

水發源於公主嶺前一帶至此入遼河

又北過新河口又北過古小城子西又北過祥發店窩堡又北過馬家船口而卡路（倫）之河從東來橫決界河西注新河焉

水承四源西第一源自樣子邊（哨）北流出邊由第三區入境經二十四道溝北流西第二源自五台子北流出邊由第三區入境逕石頭哨北流過鐵路北二源合流至杜家溝北與東流合東一源自瓦盆窰北流出邊自第四區入境西北流東第二源自范家口出邊由第三區入境北流不遠二水合而西北流過鐵路至杜家溝北與西流合而西北流至卡路（倫）屯東南小黑林子之水從東入焉又北黑林鎮之水從東入焉

又西北流至韓家店頭二道崗之水從東北入焉又西過溫家大橋三道崗水從北入焉又西流中央堡之水從南入焉又西北流至馬家船口北橫決界河入新河焉先是遼河西徙此水入老河身而北流名二道河子實遼河故道懷梨分界以此自此水西注而界河涸矣此後以涸河爲界河以移入梨樹界者曰新河以别之

界河自馬家船口北至宋廣窩堡一水從東注之水發源於呂家堡子過姚家堡子坑兒王家窮棒子溝大榆樹街前西流至此入界河焉

又北過楊家小店又北至佟家窩堡前戥子街之水從東南注

焉

水發源縣城南長春嶺西至房壙子又西至雙榆樹西至戥子街村西折而北流至此入界河

又西北至龍王廟子折而北流至趙家窩堡又折而西流至三岔口又南流入新河焉

先是新河至此歸舊河槽改曰三岔口今復南徙界河又涸矣噫滄海桑田豈不信然

界河自三岔口西過史家河口又西過邢家窩堡又西過韓家窩堡又西過張家窩堡又西至八屋前趙瘸子窩堡新河從南歸焉又西里許秦家屯河從北注之

水發源縣城北之五道崗上有古樹一株小石廟一座皆古時物下有泉數眼村人呼爲老水泉因集亭張公祈雨有驗葺以龍王廟并易其名曰興隆泉導源西流至山咀子一水從東北入之

水發源八岔溝子至此入河

又西南流過老邊崗至大榆樹村前一水從北入之

水發源拉拉屯之東南流至開源窩堡北折而東北流逕盛家粉房東折而南流入河

又南流逕六合居至畢家窪子東一水從東入焉

水發二源一自三道崗前一自四道崗前至三道崗西頭二

水合流從西四道崗前西南流過老邊崗經三皇廟高大家勾家粉房前西流至此入河
又西南流至畢家窪子門前縣城之水從東南入焉
水發源縣城東半之街前街後街前之水出街西南流至趙家窩堡西五里堡子之水入之又西至八里舖與街後之水合而西流經興隆溝至榆樹堡前西南流過老邊崗入老成堡東南之旱壑折而西北流至團山子折而西流至馬家屯北又西北流入於河又西南流經古城南繞趙家塋前折而西北流至秦家屯街西一水從北入焉
水發源於太平莊前西南流出郭家溝子土峽南流經永來

舘至宋家窩堡前折而西流至佟家屯東折而南流入河

又西流泉眼之水從北入之

泉眼在小古城南坎下平源有泉數眼占地畝餘阜上望之若一鏡焉溢而西南流入河

又西經兩家子三家子至四家子西一水從北入焉

水發源馬家窰藺家粉房等處西流至朝陽溝西折又南流自四家子西頭入河

又西經五家子至八屋前西南流至趙瘸子窩堡前西南注遼河

遼河又西經頭道圈二道圈三道圈前過東龍帶至十屋西南

石佚之河從北注之後隨新河南移矣

水發源石佚東西流至石佚前而黄花甸子泉眼河之水從東南入之又西至王家小店秃尾巴梁之水從北入之又西過楊家大城子西南黑泉眼之水從北入之此二水皆發源長春境但流不遠即入懷境又西南流至九間房放牛窩堡之水從東入之又西流至三門姜家前而王家溝及朱家大屯及丁家溝諸水從北來入之折而西南流經十屋又西南横穿界河南注新河遼河自梨樹界之連三汀南遷至梨樹縣界内孫家船口始歸舊河而界河又涸矣

界河又西過桑樹台新立屯齊家窩堡孫家窩堡前又西過三

間草房即入雙山縣境矣

新開河自邊裏來者共有六源

東一源自王家小店北流出邊由第二區入境東二源自房身溝北流出邊由南第二區入境東北流至姚家燒鍋二水合而西北流至宋家店前响水河子之水從南入之水自邊裏石灰窰子北流出邊由第二區入境合而北流至懷家店前與西流合西一源自放牛溝北流出邊由第四區入境西二源自景家台北流出邊由第四區入境至小八家子前二源合而北流至灣龍泡北一水從東南入之自郭家屯北流出邊由第二區入境至此與西源合而東北流至懷家店與

東流合此下則統稱新開河矣

北流過鐵路北一水從西南來注之

水發源平頂山後東北流八大泉眼水入之有泉八眼大如

甕小如盂水流甚旺東北流入新開河

又東北流至第二區之馬機房北又東北流入長春界矣

又有一河在第二區昌隆堡發源東北流入東大窪北流又

一水從西入之水發源十里鎮東經關家窪子東流與前河

合又北流注長春之葦塘懷境水入長界者惟此與新開河

而已泉源溝在第二區有泉三眼相距半里許一眼極旺冬

夏長流導源東南流自伊通河門入邊裏懷境水流入邊裏

者只此一流耳鄉土志

城池

縣城舊名八家鎭自同治五年始設分防經歷光緒三年裁經歷改懷德縣治始修築城門六東曰撫近西曰迎恩南曰歸昌正北曰保泰東北曰綏遠西北曰靖安城門以外則聯絡商家之牆以爲垣本無城之可言南北各有水溝一藉以爲池鄉土志

衙署

縣公署　在前街偏西路北照壁左右有安良除暴二門東西配房各三間今爲電話局占用頭門三間左有衙神廟三間東配房七間南爲法署廚室北爲差遣隊西配房十一間南六間

爲監獄北五間爲看守所二門三間今毀改爲牌坊門內東西配房各七間東爲清丈收價及換照處與登記所西爲經理地方公欵處今改財政局書狀室大堂三間堂後東配房五間南爲庫房及一科科長辦公處北二間爲第一二兩科辦公室二堂三間爲縣長辦公處堂左膳房三間堂右廳事三層層各三間自民國十四年三月司法公署成立全行劃撥爲司法借占二堂之後上房五間爲縣長內宅東西配房各三間東三間以二間爲廚室一間爲浴室西三間爲庫藏北爲收支處二科科長辦公亦附於其內右有考棚十一間皆瓦房今毀清光緒四年建（參鄉土志）

附儒學衙門　在文廟西偏大門一間儀門一間左右便門各一明倫堂三間堂前東西配房各三間内宅五間左右廂房各三間凡二十二間皆瓦房光緒四年建今只存内宅五間餘皆毁

附督捕廳　在後街偏西路北頭門一間左有自新所四間女封一間儀門一間門之左右有班房三間守獄隊房三間右有大獄五間磚牆棘刺具備儀門内左偏科房三間正中大堂三間堂後左右磚牆月洞門各一二堂三間堂之左有書房三間右有馬號土平房五間内宅五間東西配房各三間凡四十四間瓦房清光緒四年建今前半改修爲女子師範

學校中爲教育公所後爲遊擊隊蒼海桑田感慨係之矣參鄉土志

區劃

縣境區劃原分十八社縣城在南保艾社正東爲南遵儀社東南爲北裕豐社再南爲南裕豐社再東南爲新民社正南爲北南平安二社與和悅社再南爲文彝長壽二社西南爲中南振康二社再西南爲萬寶社正西爲西振康社西北爲北振康社再西北爲北保艾社正北爲中保艾社東北爲北遵儀社自清光緒三十二年創辦巡警劃全境爲四路共爲二十五區民國元年劃爲五區四年劃爲六區十年始劃爲七區十六年以警察第五區地處荒遠極西北迤帶鞭長莫及因將第五區劃分爲

二增爲八區在前清宣統二年舨辦自治劃縣城附近爲城厢自治區其餘分四鎮自治區曰黑林鎮五家鎮公主嶺秦屯鎮二鄉自治區楊大城鄉毛家城鄉凡七區民國三年自治停辦民國十一年舨辦保甲仍沿自治劃分七區民國十二年試行區村制劃爲八區至十七年奉省令將區制裁廢所有未結各事均由警區接辦故政令施行仍以警區爲斷至警察之編制與各區之駐所另詳民治警察門兹不贅

田畝

懷境地屬蒙荒爲科爾沁達爾罕王旗游牧之區清道光初年招民開墾始闢草萊而成阡陌以全境面積計之約得地五十

萬晌數十年來開墾成熟者十之七餘則河渠道路城鎮山林村屯廬舍與夫沙礫磽瘠不堪耕種雖經民領而尚荒曠者十之三按厥田之上下定折扣之重輕自三扣四扣至八九扣不等照地折核完納王租等於內縣之錢粮向由蒙旗派員設局征收由放荒以來歷百有餘年至民國十六年一月奉省令普通丈放改按二八八行弓按區村制八區先後兩起設繩弓十六盤前起八繩編字爲清理疆界固定產權後起八盤編字爲乾坎艮震巽離坤兌迄今二載尚未丈竣預計清丈結束全縣田土以二二四小畝折成二八八大畝可得田四百萬畝之譜先是本邑蒙旗地租賦每十畝封納制錢二吊三百文嗣以改行銀

幣每田十畝俗謂一晌照數折納奉天紙幣三角一分民國十五六年以戰役頻興奉幣跌價租賦太輕經蒙旗會商省署按照清丈等則計畝改征現幣與內地各縣課賦劃一由縣署與地局會同征收所收租賦歸省庫四成以六成歸蒙旗地局征租設有大地局五小地局十餘處分設於各鄉鎮是年秋由奉天財政廳頒佈征租章程將鄉鎮地局統歸縣城內而各小地局亦由王旗自行歸并名爲東公德地局然其實質仍爲六局緣蒙旗王公戶族分析各有各產即各領各局雖省令幷爲一局實際上終難混合譬則同院居住內中實爲六戶也其各局名稱曰東公益中公益北公益恩昌天佑東公德東公德者即

各小局歸并而成者也五大局仍沿舊稱茲將各局地數表列於左各小局雖已歸并然旗產民權互有關係日後查考容有回溯之時因將已并之小局依然附誌

地局名稱	舊日册載二一四行弓小畝地數
東公益地局	一百八十六萬餘畝
中公益地局	八十五萬餘畝
北公益地局	五十餘萬畝
恩昌地局	七十三萬餘畝
天佑地局	一十七萬餘畝
東公德地局	七十餘萬畝

以上六局惟東公德地局係於民國十六年將各小地局歸幷組成其餘五局均爲舊設總計六局地數按二四行弓小畝計算爲四百八十一萬餘畝淸丈章程按二八八行弓預計全縣丈竣約合大畝地（即二八八行弓）四百一十餘萬畝然自有清道光元年放荒迄今已百零九年山陬水隅代有開墾較之舊有畝數當然有增無減其東公德局所幷之小局計十有二處其領有小局之地主率爲王旗親族放荒之後由王旗撥給地畝多寡不等或以方計或以畝計距今年遠已無可考撥給之後即由領地者照王旗租額自行收租有若都古代之分封食邑然世代相傳各爲己有有包租於漢人者亦有展轉串租者

即由地主之後裔按歲收租每至冬季設局開征多則數旬少則十數日征收完竣即行撤局代遠年湮册籍間多淩亂而民佃霸佃包收或生種種膠葛遂於民國十六年由蒙旗化散爲整并各小局爲一大局定名曰東公德以資清理茲將各小局之舊稱列左以存其名用資查攷

已并各小局之名稱

天德局　雙合局　恩成局　秦家屯局　福恩局　元合局

二合局　泰昌局　十屋屯局　愛寶屯局　東東龍帶局

二秋屯局

市鎮

黑林鎭在城南五十里爲懷德市鎭之冠商賈雲集市廛櫛比四通八達極衝地也自俄修鐵路而公主嶺驛之商業盛矣該鎭衰落今如村堡

楊大城鎭在城西北六十五里連絡牆垣以爲城有門四商業頗盛

大嶺市在城東南四十里爲懷德長春之互市也以街東爲界昔有鉅商數家自修鐵路范家屯驛商務日振該市隨受影響

五家鎭在城東南四十五里商業原不繁盛自迫近范驛愈凋落

朝陽城鎭據遼河之要津通吉黑之孔道東西二街商工屯集

亦懷德之重鎮也只以距公主嶺驛二十里被彼吸收今殆盡矣

八屋市在城西七十里逼近河套商業數十年來不見發達范家屯驛在城東南六十里南滿路之第二站也俄人修鐵路後即闢爲商埠不盛及日人改爲南滿於附屬地極力擴充商家蟻附蝟集大有一日千里之勢

公主嶺驛在城西南九十里南滿之第三站也鐵開以北之鉅商埠也分南北爲二街以河爲界南屬縣治北屬日只以一帶水之隔而河南商業不若河北商業遠甚日人之善於招徠可想見矣

毛家城鎮在城西北七十里有商十數家

秦家屯鎮在城西五十里商亦寥寥

按境內市鎮曩昔共有八處不爲尠矣而范家屯公主嶺一鋤雨犂雲之區耳何數十年來各市鎮之精華幾消滅於無何有之鄉以二瞬荒涼之地竟變爲街衢洞達貨別隧分度宏規而大起焉豈天道三十年一小變歟抑亦地勢隨時勢爲盛衰也

村屯

第一區 區所駐縣城西街路南

村名	零星附村名	戶數	男口數 女口數	學級數 學生數	主村距城里 距區	小村距主村	橋渡	地畝數 林塲畝數

大榆樹村	十里鎮	一七〇	五二〇	四九一	三級	一〇〇	一三	一五	六		一四六九〇
三道崗村	二道崗	一五〇	四六〇	四三〇	二級	七五	五	七	二		一一八六〇
蓋家窩堡村	堿巴甸	一二〇	四一〇	三八三	二級	五三	三	六	三		一七〇〇〇
徐斗官村	龎家堡	一一〇	三六四	三三二	一級	四一	五	七	三		八六七〇〇
西山頭村	三姓庄	一一五	三八五	三四三	二級	七五	一〇	一〇	五		一四〇〇〇
西嶺村	西門外村	一二三	四二三	三九七	四級	一二一	四	四	二		一五〇〇〇
朝陽山村	蒿子店	一一三	三七一	三五八	二級	五二	七	一〇	五		一〇〇〇〇
張家店村	楊家店	一二五	四三四	四一七	二級	六九	八	一三	四		一二〇〇〇

村名	屯名							
房框子村	水泉	一三〇	四四八 / 四二五	二級 / 七一	一二 / 一二	五		一一七三〇
東門外村	曲家屯	一一二	三七一 / 三五二	二級 / 七五	二 / 七	三		七〇〇〇
三皇廟村	西小邊	一三一	四五一 / 四三四	三級 / 一一〇	一三 / 一四	五		三五〇〇〇
平安嶺村	拉拉屯	一四三	四五九 / 四二七	二級 / 六四	八 / 一一	四		一六七三〇
四道崗村	高瓦坊	一九四	六一〇 / 五八四	三級 / 一三五	六 / 八	二		二三九八〇
李家店村	小山屯	一八二	五八〇 / 五六九	二級 / 六二	八 / 一〇	三		一〇九〇〇
樓上村	劉家爐	一七三	五三四 / 五一七	一級 / 三七	六 / 九			一〇〇〇〇
七家子村	六家子	一九五	六三七 / 六一五	二級 / 八三	八 / 一三	二		一八五〇〇

村名	零星附村名	戶數	男口數	女口數	學級數	學生數	主城距里	村距區	小距主村	橋渡	地畝數	林場畝數
鐵嶺窩卜村	趙家卜	二〇三	七〇〇	六八四	二級	一一〇	七	九	三		一〇〇〇〇	
三合堡村		二〇〇	七一三	六八七	三級	一二九					一三〇〇〇	
雙榆樹村	老山頭	二一〇	七二五	六八七	一級	五四	一八	一八	五		一七六〇〇	
曲家窩堡村	龍王廟	一八九	六一三	五八九	二級	六九	一三	一八	四		一五〇〇〇	
合計	二〇 二〇	三三九三	一二二二〇	一〇七〇三	四六	一七〇七					三二二六六〇	

第二區

區所駐縣城東南大嶺鎮西街

村名	零星附村名	戶數	男口數	女口數	學級數	學生數	主城距里	村距區	小距主村	橋渡	地畝數	林場畝數
大嶺村	崔家爐 史榮園 大洼屯 傅家屯 盧家屯	二四九	一〇〇四	七二三	三	一二〇	四〇	一	四三 二二 四	一	七五〇〇	

西窪村	西大窪村	龍王廟村	平台子村	三大家村	傅家屯村	董家村	崔家村
永發屯 烟李屯 張瓦罐屯 冉家屯 辛家店 于家店	倫貞屯 白油房 李家屯 王家屯 王貴屯 蕭家屯 沈家屯 孫家店	劉家屯 宮窩堡 城把拉 修家屯 小山屯 宋窪子 榆樹梁 挖眼屯	高窩堡 張粉房 邢粉房 王家屯 老齋屯 永發屯	兩家子 尹家屯 梁家屯 欒粉房 營城子 東巴家 陳家店 榮家屯 火燒李屯 王家屯 小三大家 李家屯	狄窩堡 長發屯 九間房 陳家屯 周家屯 陳家屯	發卿堡 黃花窪 雙榆樹 永合屯 正陽堡 生家屯 陳油房 中陽堡	腰嶺屯 中陽堡 姜染房 小大嶺 窪子屯
二一五	二二二	二六二	一五七	一九七	二一四	二四〇	二一一
一二二三 七一四	九一〇 八七六	二〇〇一 九一四	八九二 五六二	一一九四 七五一	九九七 九六二	九八一 九二二	一〇一三 九八五
						二 六〇	
三〇 一〇	三〇 一〇	二〇 二〇	二〇 二五	二〇 二〇	四〇 七	五〇 一二	五五 一五
四三 三四 三三	六五 三七 七五 四四	四六 五七 八七 五六	六七 五八 七九	五五 六八 八七 四六 七五 八八	五四 五六 七七	四七 三六 五七 六六	五四 六七 八
二		一					
一五二〇〇 一二〇	一三九〇〇 三一〇	一五四〇〇	八一五〇	一三七〇〇 二七	一三〇〇〇 二七	一四三〇〇 三一〇	一四四〇〇

昌隆堡村	富有屯 拉拉屯 西小山屯 田油房 盧家屯 王家屯	二〇八	九九六 九五二		四五 二五	五四 七六 八七		一四九〇〇 五二
李油房村	劉家屯 孟學房 腰嶺屯 下窪子 李菜園 劉錫庚 汲家屯 王窩卜 江東李	一四八	一一〇三 八八五		五二 一二	六四七 七五五 六五三		一四一〇〇 二四
田油房村	白龍駒 孫碾房 於床子 馬机房 山後屯 殿家屯	二〇九	八二三 七八二		六〇 三二	八二 四七 三四	一	一八一二〇 三〇七
五家子村	溝孫屯 岳家屯 南窯屯 梅閣義屯	二〇七	八二八 七二四	一 二〇	五〇 二〇	四二 三三	二	一七一〇〇 二八
朱家村	邵家屯 黃家屯 董家屯 東窪屯 姜從禮	一九三	一〇二七 九五八		四五 一七	二四 二三 二		一六〇五〇 一七三
孟家村	盛家屯 馮家屯 小山屯 北崗屯 山東高 邵油房 龍王廟	一七五	一〇六四 六八八		五二 二二	六三 四三 五三 四		一七〇〇〇 二一一
四馬架村	嵇家屯 山東屯 田家屯 于家屯 瓦房屯 北道邊	一九二	一〇七三 七八三		六〇 三七	一三 六九 二七		一八三〇〇 二二六
郜家村	八大泉眼 袁家屯 賓家屯 新開河 賴家屯 唐窩卜	二一〇	九九五 七九八		七〇 三〇	五四 七三 八七	一	一九〇〇〇 四

紅石廟子村	窪于屯 義和屯 小北屯 馬家窪 腰嶺屯	一九七	一一一八 七三四		四七 二二	二三 五三 四	一	一七二〇〇 一三〇
陳家爐村	趙家屯 段家屯 王粉房 閻家店 侯家屯 小山屯 朱家屯 孫家屯 徐福屯 韓大院 穆家屯 後龍卜	二一四	一〇七一 九七八		四五 二〇	三五四 四四三 五六四 三五七		一四〇〇〇 三一七
張家窪村	楊家屯 戴家店 謝家崗 于家店 孫家店 大孤山 郃家店	二〇八	一一三五 八二六	三 六二	六五 二九	五七 三六 一九 二		一五二〇〇 二〇七
平頂山村	太平宮 八大泉眼 趙粉房	一九八	一〇九九 八八九		七〇 四五	四五 八		一六〇〇〇
泡子沿村	腰窩堡 順山堡 新開河	一九二	一〇三六 八八三		七〇 四〇	五六 五		一六〇〇〇
石柱溝村	大崗子 韓家店 苗家屯 宋家屯	一九八	一〇二五 八〇七		一〇〇 七〇	八五 四七	一	二〇〇〇〇
尖山子村	陳家屯 哞哞泡 陶家屯 吳家屯 齊大院 李大院	二三〇	九一九 八二〇		八〇 四〇	五五 七五 七		一九〇〇〇
小八家村	太和屯 姜家屯 宋家屯	二二〇	九八八 七八五		九〇 五五	五八 三		一六〇〇〇

三道壕村	義和堡 畢家屯 朱窩卜 劉窩卜 長嶺子 袁窩卜 岳家店 南窩卜 泉眼溝	一二二	一〇八九 八〇〇		一〇〇 六五	三二二 五四三 五二六		一八〇〇〇
王燒鍋村	竇家店 新發屯 南學房 南邊沿子	一九五	一〇五〇 八一〇		九〇 六〇	三五 七四		二〇〇〇〇
四合號村	陳粉房 李粉房 腰窩卜 崔窩卜 吳粉房 郭油房 鳳凰坨 筐家屯	一九〇	一〇〇一 九一五		九〇 六〇	三六 八四 二九 四三	一	一六〇〇〇
興隆溝村	劉家店 分水嶺 姚家鍋 拉拉屯 王家爐 望山卜 王窩卜	一五九	一〇五八 八七〇		八七 五八	二二 三六 三四 二	一	一六〇〇〇
曹家村	扁担屯 响水河 陳家崗 馬家窪 姚窩卜 筐子屯 東窪子	二三二	九九九 八八七		八七 五九	三四 五六 三七 七		一六〇〇〇
拉拉屯村	馬家窪 小五家 十家子 半截溝 王家屯 望山卜 拉拉屯	二〇八	一〇〇二 八九七		八四 五六	一〇七 五二 五七 七		二〇〇〇〇
楊家店村	霍家店 崔家屯 灣龍泡 興隆卜 魏窪子 石頭哨	一九六	一〇九〇 八八〇		九〇 六〇	六四 三五 七九		二一〇〇〇
房家村	掏爬崗 李家屯 平安山 谷家屯 王家店 陳家屯	二四二	九二八 七五八		七〇 三五	五四 三五 五二		一八〇〇〇

小山村	石家村	鞠家店村	蔡家店村	榆樹林村	王家學房村	合計
碱家屯 雙合卜 時棚舖 拉拉屯 施粉房 陳家嶺	太平庄 苫房甸 閻家屯 宋家店 董粉房	老局窩 明家店 攔頭房 姜家店 曹家屯 馬店 响水河 孫家洒 南邊沿	四家子 王家崗 陳家屯 河套沿 小五家 郭家屯 紅土崖子	灣龍泡 郭家店 苫房甸 賓家店 陳家屯	馬家窪 何家屯 下坎子 懷家屯 姜大橋	三九 二四三
一九〇	二〇五	二三九	一九九	二五〇	一九九	八一二七
九七五 七五九	九八五 八二〇	九五九 八〇〇	一〇九八 八二〇	一〇八五 八二五	一〇二〇 八二一	三九六七二 三二三六四
			一 三〇	一 四〇		一一級 三三二
八〇 四〇	八〇 五〇	八〇 五〇	八〇 五〇	八〇 四〇	七〇 四〇	
五五 七六 二九	四一〇 九六 五	五三三 四四七 五八二	一三 二三 四六 三	三五 四六 二	七五 三二 五	
						一 二
一八〇〇〇 九	二〇〇〇〇	二〇〇〇〇	二〇〇〇〇	一七〇〇〇	二〇〇〇〇	六四三五二〇 二七二一

第三區

區所駐縣城正南黑林鎮

村名	零星附村名	戶數	男口數	女口數	學級數	學生數	距主城里	距區村	小村距主村	橋渡	地畝數	林場畝數
黑林鎮村	雙廟子 常家園 丁家屯 劉家溝沿子	六三八	二五〇九	一八一六	二級	三〇〇	五〇	一	二二一 二二	二	一三七二七	
三家子村	曹家窪 張家屯 楊家屯 陶家屯 劉家屯 康家屯 馮家店 袁家屯	二一四	一三七五	一三一二			七〇	二〇	四一三五 四五三五		一五一五〇	
鴻禧河村	雙青山 姜大橋 二道河 杜家溝 譚家屯 曹窩卜 陸家屯	二九九	一九二〇	一七二一			七〇	一八	三一二七 三五八	一	一五四一〇	
腰灣溝村	小八家 惠家溝 唐家溝 雙發屯	二七六	一四八一	一五二〇			七〇	一三	四三 二三		一三五〇〇	
小郭家店村	雙廟子 劉糖房 畢家窰 劉家屯 孫床子 小城子	一八九	九九一	八九三			六〇	七	三五四 三七五		九一三七	
鴨子屯村	尹家店 戶安堡 閆家店 張禧河	二五六	一四一〇	一三一五			六八	一八	三二 三三		八二九〇	
李家學坊村	太平河 劉家屯 胡家店 白家甸 曹家窪 元寶山 八里堡	三二一	一九九二	一八五八			六〇	一〇	三四八五 三二七		一五一八〇	

柳楊村	王家平坊 馮家窰 後柳楊村 平安堡 前楊柳村	三九七	一八五七 一八三二		三五 一五	六五 六五 五		九三八〇
小黑林鎮村	東大窪	[illegible]〇九	二〇一二 一九七六		五〇 三	五		九三八〇
大高台村	鳳凰城 張家窰 張家屯 劉家屯 小高台子	一九八	九四五 九二十		五〇 一五	四三 一五 七		九〇五〇
官糧窖村		一五八	七一八 八八九		一〇〇 三〇		二	四八〇〇
恒德山村	前小街 鳳凰城 後小街	二〇三	九六五 八七六		一〇〇 五〇	二二 三	二	一〇九〇〇
中央堡村	鐵古嶺 朝陽寺 六家子	一二四	六四九 七〇四		一〇〇 五〇	六四 四		一五〇〇〇
興巨號村	葦子溝 張家溝 三家窩卜	一九五	九八二 九九一		一〇〇 五〇	三四 四	二	一一〇〇〇
前安家窩堡村	大泉眼 四馬架 康家屯	二三七	一一〇三 一〇三二		一一五 七五	四五 五	二	二八〇〇〇

靠山屯村	張家溝 朝陽嶺	一九六	一一〇二 / 一二一二		一〇〇 / 五〇	五 五	一	一五〇〇〇
高台子村	下甸子 賈崗子 切羔屯	二四一	一一九二 / 一〇九八		一三五 / 八五	六 六 / 六		一五七〇〇
後安家窩堡村	趙油坊 朱家林 六家窩卜	二一二	一二〇六 / 九八二		一〇〇 / 五〇	四 四 / 四	三	一五〇〇〇
長興永村	小孤榆樹 六馬架子 小八家	二二九	一一二八 / 一〇七三		一〇〇 / 五〇	四 四 / 四	一	一六〇〇〇
劉大壕村	坊身泡 小河沿子	一八三	九七五 / 八二九		一二五 / 七五	四 四		一三〇〇
温家河口村		一九八	八七六 / 八五三		一二〇 / 七〇		三	八五〇〇
山梨紅崴村	大孤榆樹 富家橋 黄家屯	一九六	九七一 / 九五五		一二〇 / 七〇	六 六 / 六	一	一八〇〇〇
高家崗村	攏子洞 太平庄 靳家崗	二四四	一四〇三 / 一三五二		八〇 / 三〇	五 五 / 五		二五〇〇〇

村名	所屬屯							
四合屯村	黃家窪 腰坊子 劉家屯	蓋家屯 大窪屯	一五二	七五六 六〇四		八〇 三〇	六六 六六 四	一	九八〇〇
袁家屯村	崔家窩卜 葛家屯	馬小店	一九三	九六三 八九六		九〇 四〇	四四 八		一二〇〇〇
東石頭哨村	五台子 二十四道溝卜 韓家	紫泥溝 欒家卜	一五四	七〇四 九一八		七〇 二〇	四四 五四 五		一一〇〇〇
西石頭哨村	魏家嶺 曹家屯 祝家屯	施家館 龍王廟 董家屯	一三九	六九八 六三八		七〇 二〇	四四 四四 四四	二	一三〇〇〇
劉房子村	樓上屯 山灣子	下甸子	一三六	六七四 七七九	一級 六〇	七〇 二〇	五五 五	二	九五〇〇
小城子村	王家學坊 蔡家溝	長嘴子	一七四	九二八 九四二		九〇 四〇	四四 四	一	一一〇〇〇
東甸子村	范水口 張大院	譚家屯	一五四	八七四 九七三		八〇 三〇	六六 六	二	一七〇〇〇
田家園村	徐家屯 杜家溝	丁城子	一二九	五七一 七八一		八〇 三〇	四四 四	一	八五〇〇

第四區

區所駐縣城正西秦家屯鎮

孫家屯村	蔡家嶺 八岔溝 魯家卜 太平河 雙青山	九○二	一一三三 一二三四		三○ 二○	五四二 三三		一二五○○
蔡家窩堡村	楊蒲扇 孫糖坊 迎風崗 陶家屯 周家舖	八九一	一二二○ 一二一八		四○ 八	四三二 三二	二	八○○八
西窪子村	後營子 上崗子 西窪子	二○二	一三八四 一三七五		五○ 八	二　三 二		八○○二
尹家屯村	卡倫 八岔溝 崔家卜 二道河 五里界 張家卜	五三二	一六三二 一五三八		五二 三	五二二 六三三	二	一一二○○
趙家爐村	三盛卜 劉萬勝 天合堂 唐家卜 孫平坊 何家屯 黃家卜 李德玉	三八二	一七二一 一六八三		四四 八	一三四二 八三二三		一二三○○
三合屯村	東嶺屯 楊油坊 于家屯	八八一	二七九 二一○		九五 三○	二　三 五		八○○○
合計 三七	一四五	○五三八		三級 三六○			三　三	四六五九一四

村名	零星附村名	戶數	男口數	女口數	學級數	學生數	主城距里	村區距里	小村距主村	橋	渡	地畝數	林場畝數
秦家屯村	佟家屯 崔子畢 耕禮堂	一八三	八七六	七九五	五級	一七七	三○	一	二二 二	三		一○○○○	一○○
戳子街村	王家卜 邊崗屯 平安卜	三○九	一一五三	一一四九			三○	一二	五二 二	一		二五六○○	二五
河套村	佟家窩卜 車家窩卜 邢家窩卜 二釜店 高台增	二一七	九二三	八五三			四五	八	五七 五七 九		三	一八一○○	三六
高家窩堡村	車家卜 何家卜 兩家子 七棵樹 三合屯 北非屯	二五九	一○一五	九七六			四○	五	二二 四三 一一			二七六一○	八
三家子村	後何家卜 小四家子 窮棒溝 四家子	三一六	一一五五	一一二四	二級	七九	五○	一五	八四 一二			二九三二○	
小五家子村	大五家子 張學莊屯 蔡家卜 韓起龍	一七八	七二二	七○三			六○	二五	二二 二二			一二三五七	二
八屋村		三一三	一一五四	一一四八	四級	一三○	七五	三○				二七八一四	二七

郝家園子村	馬家卜 勝水泉 潘粉房 頭道閣 新立屯	二九七	一一三六 一〇六九		八〇 四〇	三二 二五 三		二四五六一 一五
北大榆樹村	陳家卜 姜家溝 崔家崗 火石嶺 劉家屯 六合居	三三八	一二三六 一一九三		二五 一五	二三 五五 六七	一	三一二七五
三皇廟村	五福堂 小邊屯 盛粉房 勾家店 張家窩 陰陽界	二七三	九〇九 八九三		二〇 二〇	一三 一二 五三	一	二三四九五 二
三合堡村	佟家卜 佘家屯 老城卜 沙家屯	二四〇	八九六 八五七		一六 二七	二五 三三		二一二九六 三
雙榆樹村	老邊崗 壕裡屯 西山頭 李大陰陽 北窩屯 喇嚕嘴	二三一	八七五 八六五		二〇 二〇	二四 五六 二三		一二七三二 二
房框子村	長勝嶺 杜家屯 荆瓦坊 崔李屯 平房店 後坊框	二七九	七九六 六五九		一五 二九	三一 三三 五一	一	二七八六七
協力堂村	柳罐屯 丁家卜 張家屯 東聯坊 劉油坊 王福堂	二九三	九四九 九三七		三五 四〇	三一 二一 二二		二三四一九
東大榆樹村	姚家卜 管家屯 呂家卜 潘家屯 許家屯 崔子周	二四五	八六七 七八三	二級 四一	二五 四〇	五三 二四 二一		一七六一三

七家子村	張老總 丁家屯 馬上台 魏家屯 温家屯 窮棒溝	六一三	一二四七 一二〇三		四〇 四〇	二五二 五五四		三一六五三
大榆樹村	黃總屯 西李家 東李家 窮棒溝 所面舖	八五二	九七八 九六五	三級 九九	四〇 二〇	三二二 五二	一	二七五三二
老櫃村	于家店 郭家屯 七家子 趙大抬皷 于大巴掌 西山頭	六一三	一〇〇三 九〇九六		四〇 三〇	二三一 三二一		二五七四九
韓家店村	田老總 四馬架 項窩卜 佟大騾子 局子窩卜	九四三	一一二二 一〇二七		五〇 三〇	三五一 四五	一 一	一九七二九
陳河口村	大成店 白魚泡 康大壕 馬船口 七里界	八四三	一二五七 一〇三二		五〇 三〇	五七八 九五	三 二	二九八七八 三九
兩半村	龍王廟 李酒局 王小店 楊船口 閻家店 潘家屯	七一三	一〇三九 一〇一五		六〇 三〇	五二二 五三三	二	二六八九七 一五
上台子村	三益堂 大餐子 田油坊 二道崗 温大橋 陳令屯	二五二	八六五 八五一		五〇 四〇	二二二 一一二	一	一九二一三 三
嶺上村	筷河口 小山 灣龍街 張馬架 郭家卜 張家卜	七九二	一〇〇四 九九二		六〇 四〇	三二三 五三五	一	一八七三六

徐家窩堡村	譚家店 甕圈 永全堡	王大橋 岳家屯	五六三	一三六八 一二五七		六五 四五	三二三 五四		二三七五三
中陽堡村	楊木林 小娘娘廟 韓銀匠	萬發店 卡倫 三門王	二二二	七五二 七三一		七〇 六〇	六五三 一二三	一	一七八五四
城子上村	王家屯 李成屯 陶船口	魏家屯 祁船口	八九一	六三九 五九六		七〇 四五	二二三 六四	二	一八九三九
新河口村	高家卜 何家卜	四平盆	六五二	七九二 七五九		七〇 五〇	三 七 六	二	二七六三九 一七
朝陽坡村	考道窩卜 人安堡	瓦盆窰 三家卜	七三二	七五三 七〇三	三級 七七	七〇 五〇	二 二 二 一	一	一九八七六
小城子村	清水溝 公主靈 小八家	宋家店 灣溝	一二二	六九六 六六三		八〇 六〇	四二三 二六五	一	一七六三二
孔家屯村	鬧海卜 黄燒鍋 靰轆把井	哈拉哈 興隆泉	二〇二	七二三 六五一	二級 四五	八〇 七〇	三二三 二一六	一	一六七五八
山咀子村	山前屯 石頭廟 耿家屯	窮棒嶺 小街 馬家屯	八七一	四七一 四五九		七五 六〇	六三一 四五二	一	一三九七五

村名	零星附村名	戶數	男口數	女口數	學級數	學生數	主城距里	村距區里	小村距主村	橋	渡	地畝數	林場畝數
長勝堡村	小地局 大坊身 會家溝 和發店 陣家屯	一九七	六〇二二	五九三三	二級	五七	七〇	六〇	三 六 七 四 二	一		一三九七二	
合計 三二一五九		八五〇〇	三〇〇〇三	二八四九七	二三	七〇五				一四	一八	七〇二八四四	二九四

第五區

區所駐縣城西北楊家大城

村名	零星附村名	戶數	男口數	女口數	學級數	學生數	主城距里	村距區里	小村距主村	橋	渡	地畝數	林場畝數
黑崗子村	王家卜 三道伏 賈家溝 廟上卜 太平河	三七四	二〇〇四	一五二五			六五	五	二 三 二 三 二	一	一	三四六〇〇	二三〇
金盆村	龔山屯 前金盆 小天天	二九七	一六一二	九九三			六三	三	二 三 三			三二九〇〇	六七〇
長山堡村	孫令屯 常粉房 蔡家卜 王粉房	三四四	二四五三	二〇二〇	二級	六二	五五	一二	一 二 二 二	一	一	三二三〇〇	三四〇
長興堡村	興隆泉 趙家屯 彪子府 楊家屯	三三一	七八九	六七四	一級	三一	五八	三	四 五 五 五	一		三四三〇〇	七八〇

鳳凰嶺村	堿鍋甸 許粉坊 劉家店	鄒炮鋪 于海店	二九九	九九七 七九四		六三 三	一二 二三 三	一	三三五〇〇 二三〇
鳳凰居村	楊青山 小南梁	梁家崗 李盌鋪	二〇七	七九六 五四二		五〇 八	三四 四四	三	二一一〇〇 三〇〇
寶泉山村	牛草溝 唐營子	劉家店	二〇一	一一二三 九四五		二〇 一二	三四 三		三七四〇〇 四五〇
石佛村	興隆溝 上山屯	杜家溝 太平庄	三一一	二七五一 一九三〇		二五 三〇	四三 二三	一	一五二〇〇 二三〇
雙龍泉村	泉眼河 井沿劉	劉國斌 徐大坊	三〇二	二〇七三 一九五	二級 五七	三〇 二五	二三 二三	二	三八二〇〇 二三〇
泉眼河村	閻家卜 曲洛國	沈家卜	三三五	九二七 六九六		二五 二八	三四 四	一	三七〇〇〇 二三〇
大青山村	張成卜 劉福屯	韓鳳九 索家卜	四七四	二八九七 二二〇〇		二五 三〇	三三 四四		五一八〇〇 六七〇
偏坡子村	長營子 邴家屯	萬寶山 段家店	三二三	一〇〇一 九一九		二五 三五	二三 二三		二六〇〇〇 七八〇

老奮屯村	楊樹林 太平庄 繼家屯	三四四	八五九 七九九		三五 二〇	三四 四		三〇〇〇 一三〇
三角寺村	張家屯 雲興號 英順北	三〇六	一九〇〇 一九五〇	二級 四八	三五 二五	三四 三		二九九〇〇 一二一〇
放牛窩堡村	李江屯 牛家屯 雙發堂 小河沿	三三五	九〇〇 七三三		六五 二五	三四 三四	一	三九二〇〇 一二〇〇
拉拉屯村	趙德福 七馬架 楊大院 四馬架	三〇四	一二四三 九九九	一級 三二	三〇 二五	三三 三三		三〇〇〇〇 一二一〇
楊大城子村	十間坊	三九七	一九〇〇 一五六〇	四級 一四一	六〇 一	一	一	九四〇〇 一二三〇
碰點窩卜村		一二一	四二一 四一〇	一級 四九	一二 一三			一〇〇〇〇
王振豐村	曲家店	一八四	五九一 五七二	二級 七三	一三 一五	八		二〇〇〇〇
合計	一七六二	五五一七	二六三二五 一九五二五	一〇 三七一			四 一〇	五三〇〇〇〇 六三四〇

第六區

區所駐縣城西南公主嶺街

村名	零星附村名	戶數	男口數	女口數	學級數	學生數	主村距城區里	小村距主村	橋渡	地畝數	林塲畝數
公主嶺村		一八九○	六八七五	三一八八	五級	六五七	九○		六		
合計	一	一八九○	六八七五	三一八八	五級	六五七			六		

第七區

區所駐縣城東南范家屯鎮

村名	零星附村名	戶數	男口數	女口數	學級數	學生數	主村距城區里	小村距主村	橋渡	地畝數	林塲畝數
范家屯村		九八八	四四六八	四六一三	七級	四二五	七○				
合計	一	九八八	四四六八	四六一三	七級	四二五					

第八區

區所駐縣城西北毛家城鎮

村名	零星附村名	戶數	男口數	女口數	學級數	學生數	主距城里	村距區里	小村距主村	橋渡	地畝數	林場畝數
毛家城子村	西毛家城 尚家屯 項家屯 劉世龍 董粉坊	二二三	八二一	七二三	五級	二〇〇	八五	一	二五二 三六		二〇〇〇〇	二〇
蕭家屯村	鞠家店 李家屯 三門李 董家屯 張家屯 周家卜 六家馬架 范家卜	二二五	八九三	八七九			八五	五	二四八六 二三一〇五		二二〇〇〇	五〇
二里界村	三間坊 章家卜 三門王 朱家屯 九間坊 三門姜 三合屯 盧家屯	二二四	八七九	七九〇			八五	一二	七二四四 四五五四	三	二五〇〇〇	七〇
十屋村	韓家店 緒家屯 任家屯 前十屋 桑樹台 尹家屯	一九五	八七一	七九一	二級	五〇	九〇	一五	四七四 六三一〇	二	一二〇〇〇	一〇〇
趙家園子村	董家卜 沈家屯 唐家卜 小燒鍋 孫家卜 楊家屯 艾家屯 新立屯 蔣家卜 譚家卜 猴洞子	二五三	九九七	八〇七			一一〇	四〇	八五四七 二五五一〇 三六五		二五〇〇〇	一九〇
丁家窩堡村	前二秋 白家卜 蓋家屯 任粉坊 皮家卜 世德昌 丁家油坊 金家卜 張家窪 高田屯	二六一	八九三	七九七	一級	一〇	一一〇	二六	一三二二三 一五五二 九五二		三五〇〇〇	二〇〇

姜崴子村	于机坊 東姜崴 龍王廟 後炭窰	前炭窰 李家屯 後姜崴 孫家卜	二二四	八九五 八〇五	一級 三〇	一一〇 二五	七五 二二 三〇 七八		二七〇〇〇 一五〇
娘娘廟村	崔家店 高粉坊 三義德	張家卜 西炭窰 劉粉坊	二三二	八六一 七九一		一二〇 三〇	五三 五七 四六		二〇〇〇〇 二二〇
秦柴崗村	二秋 金家崗 尙家卜	孫家園 韓家崗	二三二	八九九 八一一	一級 三〇	一三〇 三〇	七七 五一 三		二四〇〇〇 二五〇
拉拉屯村	小八家 三家子 半拉屯	獾子洞 太平山	二二五	九一七 八一三		一一五 三〇	四三 八四 二		二五〇〇〇 二五〇
柳條溝村	玻璃城 解帳坊 康家營	五家卜 唬叭店 何家店	二五六	九〇六 八七九		一二〇 四〇	三四 五四 六五		二六〇〇〇 二〇〇
馮崗子村	玻璃城 團山子	廣寧卜 大窩卜	一五八	八五七 七九五		一三五 五〇	四二 三三		一八五〇〇 一五〇
東崴子村	杜家窪 劉家卜 王五炮	孟家卜 興隆卜 海坊劉	二九〇	九三一 八〇七	一級 一五	一一五 三〇	一二 七八 四三	一	一九〇〇〇 一五〇
生子屯村	塌家屯 草坊卜 古井屯	辛店屯 孫粉坊 堿鍋屯	二二四	八八八 七九九		九〇 七	二二 三三 三五		二四〇〇〇 七〇

村名	附屬小村								
許菜園村	王家溝 王家爐 傅家屯 韓酒局 八寶湖 杏山屯 朱家屯 董家屯	二二五	八九三	八〇三		八五	二五	二一五八 三五六八		二八〇〇〇	六〇
項家屯村	世隆合 張家窪 城鍋甸 玄家屯 小梁山 拉拉屯 閆山子	二二三	八九三	八〇二	二級 五〇	八〇	二〇	三三五一 一五五五		二五〇〇〇	二〇
三道圈村	柏家卜 後東龍帶 新立屯 王家屯 二道圈 小後崴	二二七	八九七	八一二		八〇	一五	五五七 三一三		一九八〇〇	二〇〇
後楡樹林	洪興台 許家園 范家卜 蕭家卜 林粉坊 北樹林	二〇三	八五六	八〇〇		七五	一五	六七五 五二三		二一〇〇〇	五〇
前楡樹林村	東毛城 霍家窰 吳風屯 徐小店 東河沿	二一三	八六七	八一四	一級 二五	七五	一〇	三四五 五三	二	三〇〇〇〇	四〇
小河沿村	老程王屯 龐家屯 劉机坊 八間平坊 媳鶉李	二五六	九六五	八〇六	二級 五〇	七五	一二	六八五 三四	三	二五〇〇〇	五〇
合計	二〇 一三一	四五二九	一七八六九	一六〇三四	一五 四六〇				一 一〇	四七〇三〇〇	二四七

統計全縣共劃八區計主村一百六十七附屬小村七百六十

懷德縣志第二卷

職官

傳云國家之敗由官邪也禮云有司機政民之表也官邪則庶政乖表弊則百姓亂是官也者上關國勢安危下系民生禍福者也使非有修己治人之才德斷難奏事治民安之效果焉懷德舊名八家鎮同治五年設經歷員缺光緒三年改設縣治始有知縣五年建設學宮始有訓導是年又設督捕廳始有典史訓導一缺裁於民國元年八月而以勸學所長任教育之責二年四月典史亦裁改稱知縣爲縣知事矣自設治至今始五十餘年耳而欲詳歷任職官之曆史稽諸册檔率多殘缺訪於父

老姓氏多不能舉逞問其他於是多方諮詢列爲職官表其姓名籍貫出身在任年月儘所知者書之不知者姑闕其有功在生民信而有徵者則列於人物志亦政績之懋昭蘄後來之濟美也茲編以歷任知縣表於前以訓導典史等表附焉至於收捐處警察所勸學所亦現今委任之職也故分列焉述職官第二

歷任知縣表

姓名	次章	籍貫	出身	任期
張雲祥	集亭	四川華陽		光緒三年任
劉		直隸		
張		直隸南皮	進士	
章樾				光緒十一年任
賀埙	筱泉	山東寧海	供事	光緒十二年任
傅雲颺	菊農	山東		光緒十九年任
陳衍庶	昔凡	安徽懷寧	舉人	光緒二十三年任
于鏡璇		直隸樂亭		光緒二十四年任

高暄陽	樸庵	江西彭澤	舉人	光緒二十五年任
范貴良	嚴孫	順天	附生	光緒二十六年任
榮善	少農	順天	筆帖式	光緒二十八年任
廖彭	錢如	貴州獨山	附生	光緒三十一年任
榮善				光緒三十二年復任
慕昌治	平甫	山東福山	附生	光緒三十三年任
姚詩馨			舉人	光緒三十三年任
沈學昌	幼良	浙江	供事	光緒三十四年任
趙增祺	栢年	直隸天津	筆帖式	宣統元年任
趙榮山	子秀	吉林盤石		宣統二年任

蕭鴻鈞　　湖　南　宣統三年任
田雨時　潤芝　奉天錦縣　附生　民國元年任
趙榮山　　民國二年復任
楊兆鏞　筌陔　浙　江　舉人　民國三年任
尹壽松　秀峯　安徽桐城　民國三年任
項惠年　和風　順天寶坻　民國五年任
尹壽松　　安徽桐城　民國五年復任
張源驥　　浙江紹興　民國八年任
儲　鎮　鐵生　江蘇宜興　民國八年任
王家鼎　孜辛　山　東　民國十二年任

趙亨萃　文軒　奉天復縣　民國十三年任

吳　甌　伊賢　奉天遼陽　民國十七年任

李宴春　大章　奉天海城　民國十七年任

歷任訓導表

姓名	次章	籍貫	出身	任期
許善昌			舉人	
杜學詩				
張殿士				
管萃超		奉天	拔貢	
杜學詩				
欒大春			舉人	
曹榮紳		直隸	貢生	光緒十七年任
托普	子正	奉天	舉人	光緒十九年任

董文海　次蘇　直隸　舉人　光緒二十年任
王鎬　直隸文安　舉人　光緒二十八年任
太史桂　芳山　奉天奉化　舉人　光緒二十九年任
劉書堂　奉天鐵嶺　教習　光緒三十一年任
彭澤　奉天　宣統元年任
吳坤　直隸　宣統二年任

歷任典史表

姓名	次章	籍貫	出身	任期
倪國鎔		直隸樂亭		光緒五年任
哈	小琴	直隸		
楊寶仁		直隸		
錢霖	澤遠	熱河		光緒十九年任
隆釗		順天		光緒二十六年任
李樹庚				
吳培基				光緒三十二年任
張蔭棣				

孫葆青

宗振光

附歷任經歷表

王邦彥

俞

歷任承審員表

劉普卿

楊

何鳳笙

滕紹周

劉宗秀

壽　椿　以上幇審

唐　樹

白

關春溥

呂正鈞
何乃昌
陳恆有
王純宗
周起豐

附經理地方公欵處

清宣統元年十月設收捐處公舉總董一常駐董事二按全境舊分十八社每社舉收捐董事二經徵畝捐至民國元年將收捐處改爲地方自治收捐事務所總董改爲自治委員三年二月將地方自治收捐事務所改爲捐務公所歸縣署辦理六年捐務公所改爲地方收捐處仍公舉自治委員九年十月地方收捐處改爲捐務科復歸縣署辦理十年又改爲懷德縣署經理地方公欵處設主任一承監督之命辦理全境畝捐車捐雜捐警學欵各事宜將茲將開辦以迄現在歷任主任列後

收捐處總董

司平章
常駐董事
于漢清
蓋蔭棠
地方治自收捐事務所自治委員
于漢清
地方收捐處自治委員
于漢清
懷德縣署經理地方公欵處主任
于漢清

孫成名

警察所

懷德縣警察所　駐縣署東清光緒三十二年創辦初爲巡警總局宣統元年設警務長旋將巡警總局改爲警務局嗣後改爲警務公所民國二年復改稱爲警察事務所警務長改稱警察所長十三年改定今名將保甲事務幷警察兼辦改稱爲警甲所以所長一員兼攝警甲事務內設總務股員行政股員司法兼衛生股員各一書記長一書記四巡官一巡長一步警十常年經費九千一百八十元（餘見民治門）十八年二月改警察所爲公安局所長改稱爲局長局長以下設總務行政司法

三課每課置課長一課員一保甲名稱廢止改組公安隊（詳門）常年經費以警額歲增更兼十四五年以後戰事額仍本省鐶法日非計至巳月支奉洋　十　萬　千　百　十　元金融無定月有變遷故暫難按年計算茲將歷任所長列左

劉　　字子芬

成德　字捷三

鐘　　字虎臣

陳榮萱字仙舟

常　豫字印芝

王翰臣字聘三

何承印字璽廷

王峻峯字鼎臣

欒鈞發字守三

商延年字與九民國十八年任

懷德縣警察教練分所　清光緒三十三年九月經慕令昌治遵創設巡警學堂附於縣城兩等小學堂內學生三十六月畢業至第二班改爲八個月畢業畢業後即行停辦嗣於宣統三年招集長警設所教練名曰教練所民國元年停辦至民國九年七月前知事儲鎮遵飭籌辦抽調各區長警分班入所肄業所長一由警察所長兼充教務長一教員一日語教員一教練

員一學警三十名每六個月畢業計畢業者已十班常年經費奉小洋一千六百元由警欵項下開銷現僅教務長及教員一員月支薪公等費奉洋　千　百　十　元　角

勸學所

懷德縣勸學所駐縣城後街清典史公署本邑舊有儒學書院義學之制科舉既停通令各屬興辦學校光緒三十三年始設勸學所民國元年八月裁儒學訓導員缺勸學所遂專爲縣治之教育行政機關初置總董一勸學員一書記會計各一宣統元年勸學員改爲縣視學另委勸學員一三年二月遵章改總董爲勸學員長民國元年改勸學所爲教育公所改勸學員長

爲長所改勸學員爲事務員二年八月添設社會教育事務員一四年五月奉巡按使通令規定縣視學規程縣視學遂改駐縣公署五年五月復勸學所原名民國十五年復改爲教育公所所長一勸學員三書記二辦公房間九楹常年經費三千六百五十元十八年又改爲教育局課分任事務餘詳教育門茲將歷任所長列後

歷任所長

劉海春字芷生清附生因辦學出力蒙趙制軍爾巽奬五品頂戴光緒三十三年任

武憲章字子斌清附生宣統元年任

趙鐘祺字致廷清附生民國元年任

遲煜章字化民清府經歷職奉天師範傳習所畢業先充勸學員繼充縣視學至民國二年任所長

戰有科字書甲本縣師範傳習所畢業民國三年任

趙鐘甲字貫廷清國學生民國四年任

高步孔字守先奉天師範本科畢業海龍人民國四年任

邢紹魁字耀廷吉林師範本科畢業海龍人民國五年任

孫柏林字秀嵐奉天師範畢業民國八年任

閻國楨字蘄塵奉天師範本科畢業民國十年九月任

張玉城字星垣奉天兩級師範本科畢業民國十五年五月任

教育局長

戰耀青字羽階北京國立高等師範畢業民國十八年五月任

縣視學

遲煜章　宣統元年

魏傳矩字桀（絜）方奉天師範學校史地選科畢業

馬鳴鑾字近宸奉天師範畢業民國二年任

鄒暢賓字紫綬奉天師範本科畢業義縣人民國六年任

吳星佩字果醇奉天師範畢業遼陽人民國九年任

趙誠格字存甫日本東京宏文師範畢業民國十一年任

洪玉琛字顯周奉天兩級師範歷地選科畢業民國十二年任

石玉璞字藴齋奉天兩級師範數理選科畢業民國十三年任

李寶信字長全奉天瀋陽高等師範數理科畢業民國十四年任

徐長禮字敬之東豐縣省立第五師範畢業民國十五年任

懷德縣志第三卷

民治

本邑改設縣治僅五十餘年現今人口總額已達三十餘萬之多生息日蕃邊邑稱最蓋數十年來國家普休養之恩司牧盡撫字之道有以致之語曰百步之澤非無芳草十室之邑必有忠信況乎人民繁殖儁秀挺生斯又靈淑之所鍾人才於以彬蔚也故舉舊選舉以見制科得人之盛舉新選舉以覘我國進化之源他如警察保甲以桑梓之脂膏謀社會之保障故連類及之亦以顯人羣團結有勇知方也述民治

戶口

懷德於清光緒三年改升縣治境內丁口號稱十萬至光緒三十三年增四二十二萬九千二百零五民國九年據警察調查戶口表册計戶三萬七千八百零五男十五萬六千三百四十五女十二萬六千五百五十學童一萬五千五百七十三總之二十九萬八千四百六十八至民國十七年度調查又增至三十餘萬可謂生齒日繁矣以上各數約略計之每積三十年定逾一倍有奇而地力已盡分利日愈多將來生生不已民其何以謀生可畏哉茲將民國十七年度調查之數附表於左

選舉

杜氏通典選舉門分先舉復選馬氏通考又分舉士舉官二門有清續通志則首列進士制科次之薦舉及吏又次之茲編參以往例選官即係於舉士之下便觀覽也若夫封贈是往昔推恩之典學校畢業又現今掄才之源將見培養有方考試求實人才之盛駕唐邁漢震美陵歐矣凡屬黌舍青年可不端志趣敀設詞以備國家之用乎茲將選入者分書於左

舊選舉

進士

清　同治戊戌科

魏晉楨 光緒丙子補行殿試欽點主事籤分工部官至花翎二品銜分省儘先補用道

舉人

光緒戊子科

趙晉臣 官至禮部郎中

光緒甲午科

榮文祚 官至度支部郎中

宣統己酉制科孝廉方正

榮文昭 恩貢以直隸州州判用宣統元年舉另有傳

趙鑑清 誥封資政大夫宣統元年舉另有傳

拔貢

同治癸酉科

榮文達 光緒癸巳科副榜考取宗實[室]學漢教習以知縣分省試用另有傳

優貢

光緒丙午科

孔憲熙 朝考援府經歷分發直隸宣統二年考取法官任天津檢察推事等官民國三年考取知縣官吉林扶餘浙江嘉善崇德等縣知事

恩貢

遲憲章 以直隸州州判用官至同知

孫嶽金 宣統二年庚戌會考中式以知縣用分發吉林官吉林饒河縣知事

歲貢

曲贊鴻

劉丹書

高香濤

夏文藻

漢教習

官至寧遠州教諭另有傳

于鳳墀

郭維清

畢文林

附生

劉鶴泉

宋含章

朱鶴齡
周春圃
崔景山
孫國品
周興岐
隋溥泉
鄒　澐
王鳳岐
畢文俊
劉海峯

張學詩
王澍千
劉興漢
劉海春
許鴻觀
董雲莖
趙鐘祺
陳興齊
司平章
卞會瀛

張寶書
武憲章
魯贊廷
俎耀先

按儒學卷册久已散失本邑何年考試殊難確定詢之前進亦不能舉初入泮者爲何人據此次所採訪有武生李化龍者係光緒六年歲考所取而文生則不知也查光緒六年歲次庚申五年已卯係科考之年是年始建文廟豈以是年即考試耶至光緒三十二年丙午科考之期縣已考取文童趙鼎臣爲縣元矣已而停止歲科兩試之令下

本縣考試於焉結局茲纂擬昌圖縣志例將附生附於貢生後蓋從此以後附生之名不復見於世今誌之覺芹藻尚有餘芳焉

考職

王文閣　附生考取巡檢

孫雲章　附生考取典史

李沛霖　附生考取典史

傅雲閣　任甘肅某縣典史

王治隆　任昌圖府司獄

封贈

魏奉璋 見人物

趙鑑淸 見孝廉方正

學校畢業

北京國立大學畢業

孫成彥

北京朝陽大學畢業

谷在山

張學敏

戴大鈞

孫振陽

王耀山
趙沐非
李桂庭
北京中國大學畢業
谷藴芝
蘇秀卿
蘇秀榮
奉天優級師範學校畢業
魏傳矩
奉天初級師範學校畢業

張玉城
王彥景
馬景陽
閻國楨
奉天法政學校畢業
谷耀山
張學書
曲錫封
魏傳相
王邑豐

王　荃
北京國立高等師範學校畢業
夏紹舜
孫秀林
張迺晉
戰耀靑
畢繼隆
趙成業
北京國立高等工業學校畢業
劉　作

劉向宸

北京國立醫學專門學校畢業

谷峪山

北京高等警官學校畢業

王紹宗　魯綺

北京穆務學校畢業

蘇秀榮

留學日本東京高等工業學校畢業

杜乾學

留學日本大阪高等工業學校畢業

司桂章
留學日本仙台高等工業學校畢業
于九湘
留學日本東京宏文書院畢業
張履中
新選舉
國會議員
民國十年七月
衆議院議員一
谷耀山

省會議員

清宣統元年七月

諮議局議員一

王文閣

民國元年七月

臨時省議會議員二

周興岐

武漢章

民國十年七月

省議會議員

姚煥禹

民國十五年七月

省議會副議長

谷耀山

民國元年七月

縣議事會議員二十四議長一

縣參事會參事員五

宣統二年七月

城廂議事會議員二十議長一

城廂董事會董事一總董一名譽董事四

宣統三年七月

鎭議事會議員共八十四議長共八鎭凡四曰黑林鎭公主嶺鎭五家鎭秦屯鎭

鎭董事會董事共四總董共四名譽董事共十六

鄉議事會議員共三十四議長共四鄉凡二曰楊大城鄉毛家城鄉

鄉董事會共鄉董二鄉佐二

按清光緒三十四年經省令各縣送自治學員赴省研究自治本縣攷送胡作綸武漢章高雲濤等往奉天全省自治研究所肄業宣統元年秋回縣創辦懷德地方自治研究所學員百人於宣統貳年秋季畢業是年六月城廂議董兩會成立續招第二班學員七十二人於宣統三年秋季畢業是年六月各鎭鄉

自治會成立而縣議參兩會於宣統三年秋季選舉至民國元年六月成立茲將兩級自治職員擇要列後

縣議會

正議長趙鼎臣民國二年辭職以副長趙鐸推升

副議長趙　鐸民國二年充正議長選梁可純繼之

參事會

參事員李宗唐

李際春

穆宗魯

張希孔

王蘭香民國元年九月辭職選蓋蔭棠補充

城廂議事會

正議長籍存剛宣統三年六月改選劉殿紳民國二年六月改選復充斯職

副議長劉殿紳宣統三年六月改選孫雲章民國二年六月改選李栢春

董事會

總　董劉藻霖民國二年改選武憲章

董　事安文恩辭職後選胡作綸充之民國二年改選李世典

五家鎮議事會

正議長史庚臣

副議長王雲舫

董事會

總　董武建章

董　事朱凌閣

秦家屯議事會

正議長趙晋升

副議長李煥章

董事會

總　董畢省三

董　事宋翰臣

黑林鎮議事會

正議長王文閣

副議長崔景嵐故後改選李蔭亭

董事會

總　董錢國藩

董　事張寅堂

公主嶺議事會

正議長韓會三故後選周興岐充之

副議長周興岐後改選邢鑑銘

董事會

總　董魏連茹

董　事劉洸武

楊大城議事會

正議長高香濤

副議長呂紹賓

董事會

鄉　董宋藎臣故後改選張如霆

鄉　佐段景春

毛家城鎮議事會

正議長冷竹三解職後改選周恆昌

副議長沈明山

董事會

鄉　董閻鳳鳴

鄉　佐劉廷章

警察

本邑舊有練勇保衛地方迨光緒三十二年奉省通飭創設巡警所有警兵統由練勇改組以本縣知縣爲總辦遴選士紳張寶書籍存綱爲辦事委員設巡警總局於公署東院劃全境爲四路每路設巡官一共爲二十五區區設區官一馬警共五百三十名餉項每晌地按月捐錢一百六十文量入爲出尚不敷用宣統元年始設警務長改總局爲警務公所各路改爲分區

巡官改爲區官分區改爲分駐所嗣後改爲六區改爲七區改爲八區以步警司行政以馬警司游擊雖屢有變通而規模日進今則改爲公安局矣將來警察起色自當有蒸蒸日上之勢茲將民國十一年度駐所區域官警名數與常年經費列後至新制改組公安則附表焉

第一區　駐縣城設分駐所二

第一分駐所　駐縣城東街

第二分駐所　駐縣城西街

警察馬隊　駐警察所

第二區　駐東大嶺鎮

第一分駐所　駐東大嶺
第一分隊　同上
第三區　駐黑林鎮
第一分駐所　駐黑林鎮
第二分駐所　駐聚盛福
第二分隊　駐黑林鎮
第四區　駐秦屯鎮
第一分駐所　駐朝陽坡
第三分隊　駐秦屯鎮
第五區　駐楊大城鎮

第一分駐所　駐楊大城

第二分駐所　駐毛家城

第四分隊　駐楊大城

第六區　駐公主嶺分所無

第七區　駐范家屯分所無

全境區官六馬隊隊長一巡官十一隊長四巡記長六巡記五

馬巡長二十四步巡長二十三馬警二百十六步警一百零

七夫役五

常年經費奉洋七萬三千四百五十四元

保甲

清宣統元年奉省憲扎飭縣屬各屯成立堡防十八處每堡設堡長一外有百十家長詰姦究看稼穡酌收青糧爲該會開銷是爲保甲之濫觴三年奉省憲趙令籌設預警以備巡警之不足縣城内設預警辦事處置總長一全境分七區每區設區董一將各百十長隸於區董民國二年奉省憲張令飭改預警區董稱預警所長三年奉省憲張通令各縣預警改爲保衛團裁預警辦事處並將預警總長取銷所有保衛事宜以縣知事爲監督於行政科内設事務員一承監督之命辦理一縣保衛事宜各區舊有預警所長改稱團總每團設保董甲長各若干督

率團丁巡邏緝捕七年奉省憲令裁保衛團改編保甲辦事員改爲保甲委員每區設總甲長一下有甲長民國十二年奉令又裁辦事委員設保甲事務所於舊教養工廠內省委欒鈞發充所長餘如故統計全境甲丁四百餘名餉項每晌地收保甲費奉洋一角由畝捐代徵常年經費奉洋共二萬元有奇民國十四年欒鈞發升爲警察所長兼保甲所長附保甲事務所於警察所民國十八年五月又改組爲遼寧省保安隊第八大隊茲將民國十二年度各區總甲長保長數目與駐所列後曁歷來辦理預警保衛團保甲委員姓氏附焉至於現在改組情形則以表列焉

第一區　總甲長一保長四駐本城
第二區　總甲長一保長四駐五家鎮
第三區　總甲長一保長四駐黑林鎮
第四區　總甲長一保長四駐公主嶺
第五區　總甲長一保長四駐大榆樹屯
第六區　總甲長一保長四駐三教寺
第七區　總甲長一保長四駐二秋屯

附歷來辦理預警保衛團保甲委員姓氏列左

預警總長

趙希聲

唐煥亭　保衛團事務員

籍存綱　保甲委員

籍存綱

懷德縣志第四卷

教育

本邑教育行政前清時責在儒學自停科舉建學校於是特設勸學所以理教育事宜民國紀元裁儒學而勸學所遂爲一縣教育行政獨立之機關茲編將縣立區立村立私立各學校按次臚列闢草萊之未久竟桃李之成陰邊鄙進化之速有足多者他若社會教育所以輔學校教育之所不及故並附入以備參稽述教育

學宮

本邑文廟在城外東南隅丹壁後左右便門各一東曰禮門西

曰義路頭門三間額曰文廟門內左右傺以磚牆正中則泮池在焉再進爲欞星門三間門內東西廡各三間正中大成殿三間殿後崇聖祠三間清光緒五年建三十四年祀列大祀崇聖祠薦用太牢舊制每歲春秋仲丁致祭如儀民國肇造祀典未定三年八月始頒定祀孔典禮改稱文廟爲孔子廟崇至教復古制也

附儒學

本邑於清光緒五年建學宮設儒學衙門定文武學額二名初任許善昌爲懷德縣訓導文童應科歲試時廩保出結由學送攷每歲考試生員數次年終評定甲乙製册彙報督學藉以覘

儒學之成績生員之優劣焉庚子之亂奉天爲拳匪滋事地方照約停科五年每屆歲科兩試乃遷於蓋州錦州等處遵約章也甲辰日俄搆兵縣境爲俄兵往來孔道學子流離儒學尸位及停科舉立學校將教育事項直轄於縣知事分隸於勸學所學官遂如贅旒民國紀元祀典缺如遂裁儒學三年始頒祀孔典禮各縣准設奉祀官本邑財政不充故遲至十一年始公舉前直隸候補同知遲憲章充奉祀官亦尊孔也餘見地理職官門

附輔翼書院

輔翼書院在文廟東院以文昌三代祠三間作講堂東西配房

各五間爲宿膳各舍清光緒十七年經賀令垻捐廉倡辦籌集經費共銀五千九百三十四兩發商生息作爲主講修金肄業生童膏獎各費每歲由縣甄别生童一次攷錄送院肄業官課每月一次齋課每月乙（一）次生童膏伙共三十份視等爲差公舉榮文昭卞會瀛爲紳董襄理院事聘翰林院庶吉士齊公耀琳主講席人才濟濟於斯爲盛自庚子亂後書院荒蕪洎建修學校遂將書院之房間劃歸學校作爲膳室又將書院之的欵撥歸勸學所作爲學欵基本金矣茲將歷聘山長列舉於左

齊耀琳　字震岩吉林伊通人前清翰林院庶吉士官至江蘇省長

托普　字子正

太史桂 字芳山奉天梨樹人舉人官本邑訓導

董栢楹 字銘丹奉天梨樹人拔貢江蘇候補縣知事

張

郭景垣 字星五吉林伊通人舉人

教育會

懷德縣教育會　宣統元年創辦附勸學所歷經會同教育公所辦理寒暑假期內教育研究會嗣以國體變更無形取銷者數年至民國八年十月改組織成立正副會長各一會員無定額常年經費無幾茲將歷任會長列左

高香濤

司平章
趙純和
孫柏林
靳瑞廷
鞠鴻亮
張玉城
孫成名
馬景陽
張玉琛

社會教育

巡行文庫民國二年創辦城鄉共七處歸各名鎮鄉董事會辦理由勸學所附設之圖書館購備書籍三百餘種分發各文庫供人閱覽嗣因民國三年自治停辦而社會教育亦無形取銷矣民國十七年設圖書館存儲多種書籍備人觀覽

講演會

民國二年創辦城鄉共二十六處除本城有專員外餘均以各校教員於日曜日內分任講演三年停演而本城講演會則民國八年五月停辦民國十七年復設

簡易識字學塾

民國三年創辦附設本城講演會內每夜授課兩小時由勸學

所各職員担任按月酌給津貼四年停辦

縣立學校

懷德全境學校一百七十四處二百七十四級學生九千六百二十五人兹列各校於左

縣立師範講習科校址在縣城東南隅文廟東院民國二年六月成立職教員七人學生三級一百三十五人全年經費一萬零九百三十一元

縣立女師範講習科校址在城裏教育局後院民國十一年二月成立職教員三人學生一級三十人全年經費五千八百七十五元

縣立初級中學校校址與師範講習科同院民國十二年三月成立教員六人學生三級一百二十人全年經費六千七百三十二元

縣立農科職業學校校址城西四十里秦家屯鎮民國十四年七月成立校長一人教員二人學生一級三十名全年經費四千九百四十八元

縣立第一高級小學校校址與師範講習科同院清光緒三十二年三月成立教員五人學生三級一百二十人全年經費一萬二千六百元

縣立第二小學校校址在縣城西北楊大城鎮民國二年三月

成立職教員八人學生高級一級三十人初級四級一百二十人經費九百元

縣立第三小學校校址在公主嶺鎮民國四年二月成立職教員十四人學生高三級一百十五人初七級三百四十五人共學生四百六十人經費二千四百元

縣立第四小學校校址與女師講同院民國二年七月成立教員五人學生高級一級二十八人初級三級一百十一人共學生一百三十九人經費九百元

縣立第五小學校校址在黑林鎮清宣統元年二月成立職教員六人學生高級一級二十五人初級三級一百零五人共學

生一百三十人全年經費九百元

縣立第六小學校校址在范家屯民國十七年二月成立職教員十三人學生高級兩級七十五人初級七級四百二十五人共學生五百人全年經費二千四百元

縣立第七小學校校址在朝陽坡民國十七年二月成立職教員五人學生三百九十五人全年經費九百元

縣立第八小學校校址在縣城西頭財神廟東院清宣統二年二月成立職教員十人學生七級二百九十五人全年經費二千四百元

縣立第九小學校校址在縣城東頭關帝廟西院民國元年二

月成立職教員十人學生七級三百零五人全年經費二千四百元

縣立第十小學校校址在秦家屯鎮民國六年二月成立職教員八人學生高級一級三十人初級四級一百四十六人共學生一百七十六人全年經費九百元

縣立第十一小學校校址在毛家城鎮民國八年二月成立職教員六人學生高級一級二十八人初級三級九十二人共學生一百二十人全年經費九百元

縣立第十二小學校校址在東大嶺民國五年二月立成職教員四人學生三級一百十五人全年經費九百元

縣立第十三小學校校址在八屋鎮民國十七年二月成立職教員六人學生高級一級三十人初級三級一百人共學生一百三十人全年經費九百元

全境區立村立私立各校校址學級人數表

第一區立村立私立校別	地址	成立年月	校員	學級	人數	經費
區立第一小學校	西嶺	民國六年二月	一人	一級	四十人	四一三、〇〇〇
區立第二小學校	鐵嶺窩堡	民國二年二月	一人	一級	三十人	四一三、〇〇〇
區立第三小學校	興隆沟	民國四年七月	二人	二級	八十人	六九〇、〇〇〇

區立第四小學校	平安嶺	民國六年二月	一人	一級	三十人	四六一、〇〇〇
區立第五小學校	南大榆樹	光緒三十四年八月	二人	二級	五十五人	四一三、〇〇〇
村立第一小學校	丁家窩堡	民國十一年二月	一人	一級	三十二人	四四八、〇〇〇
村立第二小學校	江東窩堡	民國十一年二月	一人	一級	三十五人	三四六、〇〇〇
村立第三小學校	長勝嶺	民國八年二月	二人	二級	七十三人	三四六、〇〇〇
村立第四小學校	黄花甸子	民國九年二月	一人	一級	三十人	三四六、〇〇〇
村立第五小學校	四道崗	民國七年八月	一人	一級	三十二人	三四六、〇〇〇
村立第六小學校	小邊屯	民國十一年二月	一人	一級	二十五人	三四六、〇〇〇

村立第七小學校	中鐵嶺窩堡	民國十二年二月	一人	一級	二十二人	三四六、〇〇〇
村立第八小學校	山咀子	民國十二年二月	一人	一級	二十五人	三四六、〇〇〇
村立第九小學校	北平安嶺	民國十二年二月	一人	一級	二十九人	三四六、〇〇〇
村立第十小學校	東門外	民國十五年七月	一人	一級	三十五人	三四六、〇〇〇
村立第十一小學校	六家子	民國十二年二月	二人	二級	五十九人	三四六、〇〇〇
村立第十二小學校	城巴拉甸	民國十二年二月	一人	一級	二十五人	三四六、〇〇〇
村立第十三小學校	小東邊	民國十二年八月	一人	一級	三十五人	三四六、〇〇〇
村立第十四小學校	盛家粉房	民國十二年二月	一人	一級	三十一人	三四六、〇〇〇

村立第十五小學校	嘟嚕咀	民國十二年八月	一人	一級	三十三人	三四六、〇〇〇
村立第十六小學校	宮家屯	民國十二年二月	一人	一級	三十五人	三四六、〇〇〇
村立第十七小學校	朝陽山	民國十六年二月	二人	二級	六十五人	三四六、〇〇〇
村立第十八小學校	房框子	民國十六年二月	一人	一級	三十人	三四六、〇〇〇
私立第一小學校	雙榆樹	民國十二年八月	二人	二級	四十九人	三四六、〇〇〇
私立第二小學校	西雙榆樹	民國十二年八月	一人	一級	四十一人	三四六、〇〇〇

以上第一區區立小學校五處村立小學校十八處私立小學校二處計共二十五處

第二區立村立私立校別	地址	成立年月	校員	學級	人數	經費

村立第一小學校	崔家屯	民國十一年三月	一人	一級	三十一人	三四六、〇〇〇
村立第二小學校	黃花窪	民國十一年三月	一人	一級	三十人	六五二、〇〇〇
村立第三小學校	長發屯	民國十一年三月	一人	一級	二十五人	三四六、〇〇〇
村立第四小學校	孟家學房	民國十六年三月	一人	一級	三十人	三四六、〇〇〇
村立第五小學校	陳家油房	民國十一年三月	一人	一級	三十二人	三四六、〇〇〇
村立第六小學校	三門王家	民國十六年三月	一人	一級	三十六人	三四六、〇〇〇
村立第七小學校	五家鎮	民國十六年三月	一人	一級	三十六人	三四六、〇〇〇
村立第八小學校	三大家	民國十六年七月	一人	一級	三十五人	三四六、〇〇〇

村立第九小學校	營城子	民國十六年七月	一人	一級	三十一人	三四六、〇〇〇

以上第二區村立小學校計共九處

第三區立村立私立校別	地址	成立年月	校員	學級	人數	經費
區立第一小學校	劉房子	民國八年二月	二人	二級	四十二人	七六五、〇〇〇
區立第二小學校	孫家屯	清宣統三年六月	一人	一級	三十八人	四一三、〇〇〇
區立第三小學校	三道崗	民國十年三月	一人	一級	三十五人	四一三、〇〇〇
村立第一小學校	卡倫	民國十一年三月	一人	一級	二十四人	三四六、〇〇〇
村立第二小學校	西三合屯	民國十一年三月	一人	一級	三十六人	三四六、〇〇〇

村立第三小學校	趙家爐	民國十二年八月	一人	一級	三十六人	三四六、〇〇〇
村立第四小學校	西窪子	民國十五年七月	二人	二級	三十四人	三四六、〇〇〇
村立第五小學校	三合堡	民國十一年三月	一人	一級	二十四人	三四六、〇〇〇
村立第六小學校	興隆店	民國十六年七月	一人	一級	三十二人	三四六、〇〇〇
村立第七小學校	小黑林子	民國十六年二月	二人	二級	四十人	三四六、〇〇〇
私立第一小學校	三門何家	民國十二年三月	一人	一級	三十三人	三四六、〇〇〇
私立第二小學校	黑林鎮	民國十七年二月	二人	二級	七十八人	三四六、〇〇〇
私立第三小學校	張家園子	民國十二年八月	一人	一級	三十八人	三四六、〇〇〇

私立第四小學校	胡家店	民國十二年八月	一人	一級	三十四人	三四六、〇〇〇

以上第三區區立小學校三處村立小學校七處私立小學校四處計共十四處

第四區立村立私立校別	地址	成立年月	校員	學級	人數	經費
區立第一小學校	西大榆樹	民國六年二月	四人	三級	一百十三人	一、〇五、〇〇〇
區立第二小學校	高家窩堡	民國六年二月	一人	一級	二十四人	四一三、〇〇〇
區立第三小學校	平安堡	民國十二年八月	一人	一級	三十五人	四一三、〇〇〇
區立第四小學校	韓家店	民國八年八月	二人	二級	五十七人	四一三、〇〇〇
區立第五小學校	大兩家子	民國五年二月	一人	一級	三十七人	四一三、〇〇〇

村立第一小學校	袁大橋	民國八年八月	一人	一級	三十三人	三四六、〇〇〇
村立第二小學校	六合居	民國八年八月	一人	一級	四十人	三四六、〇〇〇
村立第三小學校	長勝堡	民國九年二月	二人	二級	五十七人	三四六、〇〇〇
村立第四小學校	東勝堡	民國十一年三月	一人	一級	三十人	三四六、〇〇〇
村立第五小學校	黑山咀子	民國九年二月	一人	一級	三十一人	三四六、〇〇〇
村立第六小學校	清水泃子	民國十二年二月	二人	二級	七十七人	三四六、〇〇〇
村立第七小學校	郭家屯	民國九年三月	一人	一級	三十八人	三四六、〇〇〇
村立第八小學校	西中央堡	民國十二年三月	一人	一級	三十人	三四六、〇〇〇

村立第九小學校	温家大橋	民國十二年三月	一人	一級	三十五人	三四六、〇〇〇
村立第十小學校	小河沿	民國十二年三月	一人	一級	三十二人	三四六、〇〇〇
村立第十一小學校	湧泉堡	民國十二年三月	一人	一級	二十九人	三四六、〇〇〇
村立第十二小學校	冷家河口	民國十六年二月	一人	一級	三十人	三四六、〇〇〇
村立第十三小學校	孔家屯	民國十二年八月	一人	一級	三十八人	三四六、〇〇〇
村立第十四小學校	平安堡	民國十二年八月	一人	一級	三十人	三四六、〇〇〇
村立第十五小學校	西邊崗	民國十二年八月	一人	一級	三十五人	三四六、〇〇〇
村立第十六小學校	大榆樹	民國十二年八月	一人	一級	三十人	三四六、〇〇〇

村立第十七小學校	徐家窩堡	民國十五年八月	一人	一級	三十五人	三四六、〇〇〇
私立第一小學校	大兩家子	民國十七年二月	一人	一級	四十二人	三四六、〇〇〇

以上第四區區立小學校五處村立小學校十七處私立小學校一處計共二十三處

第五區立村立私立校別	地址	成立年月	校員	學級	人數	經費
區立第一小學校	三教寺	民國元年二月	四人	三級	一百十五人	一、五一〇、〇〇〇
區立第二小學校	梁家崗	民國八年八月	四人	三級	九十二人	一、三四〇、〇〇〇
區立第三小學校	三家子	民國八年八月	四人	三級	一百三十人	八一〇、〇〇〇
區立第四小學校	長興堡	清宣統二年二月	二人	二級	四十三人	四一三、〇〇〇

區立第五小學校	泉眼河	民國五年二月	二人	二級	五十六人	四一三、〇〇〇
區立第六小學校	長山堡	民國五年二月	二人	二級	四十九人	八一〇、〇〇〇
區立第七小學校	大劉屯	民國六年七月	一人	一級	二十四人	八一〇、〇〇〇
區立第八小學校	郝家園子	民國十七年七月	三人	三級	九十人	四一三、〇〇〇
區立第九小學校	雙龍泉	民國五年八月	二人	二級	七十人	四一三、〇〇〇
區立第十小學校	楊樹林	民國八年八月	一人	一級	三十二人	八一〇、〇〇〇
區立第十一小學校	七馬架	民國八年八月	一人	一級	三十五人	四一三、〇〇〇
村立第一小學校	孫家屯	民國十五年七月	一人	一級	四十人	三四六、〇〇〇

村立第二小學校	太平庄	民國十五年七月	一人	一級	三十五人	三四六、〇〇〇
村立第三小學校	寶泉山	民國十六年二月	一人	一級	三十人	三四六、〇〇〇
村立第四小學校	長營子	民國十二年二月	一人	一級	三十九人	三四六、〇〇〇
村立第五小學校	拉拉屯	民國九年二月	一人	一級	三十六人	三四六、〇〇〇
村立第六小學校	西城鍋店	民國八年二月	一人	一級	三十九人	三四六、〇〇〇
村立第七小學校	石伕村	民國八年二月	一人	一級	二十四人	三四六、〇〇〇
村立第八小學校	黑崗子	民國十一年三月	一人	一級	三十五人	六二〇、〇〇〇
村立第九小學校	高家平房	民國十一年三月	一人	一級	四十二人	三四六、〇〇〇

村立第十小學校	廣寧窩堡	民國十二年三月	一人	一級	四十人	三四六、〇〇〇
村立第十一小學校	八寶湖	民國十二年三月	一人	一級	四十二人	三四六、〇〇〇
村立第十二小學校	索家窩堡	民國十二年三月	一人	一級	四十人	三四六、〇〇〇
村立第十三小學校	偏坡子	民國十二年三月	一人	一級	四十人	三四六、〇〇〇
村立第十四小學校	大青山	民國十五年二月	一人	一級	三十九人	三四六、〇〇〇
村立第十五小學校	靠山屯	民國十五年二月	一人	一級	三十九人	三四六、〇〇〇
村立第十六小學校	張家窪子	民國十六年二月	一人	一級	四十人	三四六、〇〇〇
村立第十七小學校	太平山	民國十七年二月	一人	一級	三十五人	三四六、〇〇〇

村立第十八小學校	萬寶山	民國十七年二月	一人	一級	四十人	三四六、〇〇〇
私立第一小學校	無量宮	清宣統三年七月	一人	一級	三十八人	三四六、〇〇〇
私立第二小學校	放牛窩堡	民國十四年二月	一人	一級	四十三人	三四六、〇〇〇
私立第三小學校	鳳翔居	民國十四年二月	二人	二級	五十九人	三四六、〇〇〇
私立第四小學校	大五家子	民國十四年七月	四人	三級	一百二十人	三四六、〇〇〇

以上第五區區立小學校十二處村立小學校十八處私立小學校四處計共三十四處

第六區立村立私立校別	地址	成立年月	校員	學級	人數	經費
區立第一小學校	榆樹林	民國八年二月	二人	二級	六十七人	四一三、〇〇〇

區立第二小學校	十屋村	民國七年二月	一人	一級	七十二人	四一三、〇〇〇
區立第三小學校	八間平房	民國十一年三月	二人	二級	五十二人	四一三、〇〇〇
村立第一小學校	南楡樹林	民國九年二月	一人	一級	四十人	三四六、〇〇〇
村立第二小學校	榛柴崗	民國八年二月	二人	二級	五十五人	三四六、〇〇〇
村立第三小學校	二里界	民國十六年二月	一人	一級	四十人	三四六、〇〇〇
村立第四小學校	劉家窩堡	民國十七年二月	一人	一級	三十五人	三四六、〇〇〇
村立第五小學校	皮家窩堡	民國十一年三月	一人	一級	四十人	三四六、〇〇〇
村立第六小學校	姜家隈子	民國十一年三月	一人	一級	四十人	三四六、〇〇〇

村立第七小學校	霍家窰	民國十一年三月	一人	一級	四十人	三四六、〇〇〇
村立第八小學校	廣家窩卜	民國十七年二月	一人	一級	三十九人	三四六、〇〇〇
村立第九小學校	謝家帳房	民國十四年七月	一人	一級	三十七人	三四六、〇〇〇
村立第十小學校	康家營子	民國十四年二月	二人	二級	四十九人	三四六、〇〇〇
村立第十一小學校	炭窰	民國十四年二月	一人	一級	三十五人	三四六、〇〇〇
村立第十二小學校	二秋	民國十四年二月	一人	一級	四十五人	三四六、〇〇〇
村立第十三小學校	城鍋	民國十一年二月	一人	一級	三十五人	三四六、〇〇〇

以上第六區區立小學校三處村立小學校十三處計共十六處

第七區立村立私立校別	地址	成立年月	校員	學級	人數	經費
區立第一小學校	山梨紅崴子	民國十二年八月	二人	二級	七十二人	八一〇、〇〇〇
村立第一小學校	鳳凰山	民國十二年八月	一人	一級	三十一人	三四六、〇〇〇
村立第二小學校	靳家崗	民國十二年八月	一人	一級	三十二人	三四六、〇〇〇
村立第三小學校	葦子溝	民國十二年八月	一人	一級	三十二人	三四六、〇〇〇
村立第四小學校	中央堡	民國十二年八月	一人	一級	三十二人	三四六、〇〇〇
村立第五小學校	高家崗	民國十八年三月	一人	一級	四十人	三四六、〇〇〇
村立第六小學校	東蓋家屯	民國十二年八月	一人	一級	二十八人	三四六、〇〇〇

村立第七小學校	伊合屯	民國十二年八月	一人	一級	三十九人	三四六、〇〇〇
村立第八小學校	小孤榆樹	民國十二年八月	一人	一級	三十五人	三四六、〇〇〇
村立第九小學校	西小城子	民國十二年八月	一人	一級	四十三人	三四六、〇〇〇
村立第十小學校	范家禮口	民國十二年三月	一人	一級	三十九人	三四六、〇〇〇
村立第十一小學校	六家窩卜	民國十二年八月	一人	一級	三十六人	三四六、〇〇〇
村立第十二小學校	楊家屯	民國十二年八月	一人	一級	三十七人	三四六、〇〇〇
村立第十三小學校	曹家屯	民國十二年三月	一人	一級	三十四人	三四六、〇〇〇
村立第十四小學校	雙榆樹	民國十二年三月	一人	一級	三十九人	三四六、〇〇〇

村立第十五小學校	靠山屯	民國十二年八月	一人	一級	四十一人	三四六、〇〇〇
村立第十六小學校	東小城子	民國十二年八月	一人	一級	三十七人	三四六、〇〇〇
村立第十七小學校	司家舘子	民國十二年三月	一人	一級	三十七人	三四六、〇〇〇
村立第十八小學校	昌隆卜	民國十五年二月	一人	一級	三十九人	三四六、〇〇〇

以上第七區區立小學校一處村立小學校十八處計共十九處

第八區立村立私立校別	地址	成立年月	校員	學級	人數	經費
區立第一小學校	太平宮	清宣統二年二月	三人	二級	四十五人	一、〇七〇、〇〇〇
區立第二小學校	海雲觀	民國八年二月	一人	一級	三十五人	五二二、〇〇〇

區立第三小學校	灣龍泡	民國六年二月	一人	一級	三十五人	四一三、〇〇〇
村立第一小學校	三合屯	民國十一年三月	一人	一級	二十七人	四三六、〇〇〇
村立第二小學校	南興隆泃	民國十一年三月	一人	一級	二十九人	四三六、〇〇〇
村立第三小學校	馬家窪子	民國十一年三月	一人	一級	三十八人	四三六、〇〇〇
村立第四小學校	黄家屯	民國十二年三月	一人	一級	三十一人	四三六、〇〇〇
村立第五小學校	于家屯	民國十二年三月	一人	一級	二十九人	四三六、〇〇〇
村立第六小學校	拉拉屯	民國十二年三月	一人	一級	三十九人	四三六、〇〇〇
村立第七小學校	攬頭房子	民國十二年三月	一人	一級	三十二人	四三六、〇〇〇

村立第八小學校	石柱沟	民國十一年三月	一人	一級	三十一人	四三六、〇〇〇
村立第九小學校	尖山子	民國十二年二月	一人	一級	三十人	四三六、〇〇〇
村立第十小學校	郜家村	民國十四年三月	一人	一級	三十六人	四三六、〇〇〇
私立第一小學校	郭家油房	民國九年二月	一人	一級	三十五人	四三六、〇〇〇
私立第二小學校	順山堡	民國九年二月	五人	五級	一百四十人	四三六、〇〇〇
私立第三小學校	鳳凰坨	民國九年二月	一人	一級	四十人	四三六、〇〇〇
私立第四小學校	宋家店	民國十一年三月	一人	一級	三十二人	四三六、〇〇〇
私立第五小學校	范家屯	民國十六年三月	二人	二級	五十四人	四三六、〇〇〇

以上第八區區立小學校三處村立小學校十處私立小學校五處計共十八處

此表係民國十七年調查

財政

庶事之興端資財政故國家有帑藏之蓄地方重度支之計在昔帝制時代官府至有催科以供上用無所謂地方用度亦無所謂地方政務源既不開流亦不節故民間徒有輸將之義務究無福利之享受自革新以來始有所謂地方事業百廢俱舉庶政繁興於是力圖財政之充裕謀立富强之基礎劃分國家地方之稅以備分途建設實行預算決算之法以期收支適合法至良意至善也茲編列國家稅於前列地方稅於後以各項表附焉述財政

懷德縣志第五卷

財政

國家稅

縣境初係蒙旗牧荒道光初元始招民開墾全縣田賦均由蒙王設局徵收自民國十六年十一月奉令蒙局徵收田賦由縣派員監徵收入租欵省四旗六縣內徵收田賦自此始設治之始一切稅捐統由縣內徵收每年解省銀不過百兩是名雖稅捐實陋規也自淸光緒二十五年始由省憲專派委員立斗秤土藥捐局隸昌圖總局至三十二年易名曰稅捐分局直隸於財政局又將牲畜各稅仿照斗秤土藥捐辦法由縣提歸牛馬

稅局委員專辦嗣將牛馬稅局裁撤統歸於稅捐局辦理改名曰稅捐總局嗣復改爲稅捐徵收局經徵出產銷塲豆木菸絲牲畜各稅民國三年又徵收印花稅及新契紙費茲分述於左

田賦　本縣田賦從前由蒙王設局徵收自民國十六年十一月經徵租賦解省四成撥旗六成十六年度共徵地三十一萬七千四百八十三晌五畝六分三厘因清丈未竣每畝普按中則徵大洋一角一分共徵大洋三十四萬九千二百三十一元九角一分九厘解省四成大洋十三萬九千六百九十二元七角六分八厘撥旗六成大洋二十萬零九千五百三十九元一角五分一厘

新契紙費　民國三年奉部令施行新契紙凡前清已納稅之契紙均黏民國新契紙每張收價大洋一元外收經費大洋一角旋復停辦十四年五月間又奉令復黏特別契紙由縣註册已有歸縣監徵之漸至十五年六月間奉令清丈蒙地至翌年一月始施行開辦

印花稅　按印花稅係民國元年十月公佈施行民間購貼初不踴躍積之數年始漸推行迨民國十六年份共收奉大洋十二萬三千七百五十元零六角二分四厘較十年前增益實多然積習相沿仍多違玩故人事憑証等件之粘貼尚多觀望云

稅捐　前清光緒三十二年十月設稅捐總局於縣城西街並

設鄉鎮分卡八處公主嶺范家屯楊大城黑林鎮大嶺朝陽坡五家鎮八屋等處每年出產以糧豆牲畜及銷場貨等稅爲收入大宗迨南滿鐵路通車後公主嶺爲該路綫往來要衝商賈雲集日漸興盛遂於民國六年四月三十日移總局於嶺站河南兼辦菸酒事務分局暨印花稅票發行所而懷德城內改爲分局嗣於民國八年冬又添設分卡多處如泰和成姜家店靠山屯掏巴崗三大家大榆樹劉房子古榆樹廣興隆德順隆姚家屯葛家屯八大泉眼等處今則稅收暢旺大有一日千里之勢故民國十八年四月間懷德縣分局改爲總局公主嶺總局仍舊茲將民國十六年各項稅捐數目表列於下

附民國十六年徵收各項稅捐數目表

類別	稅額	附記
出產雜細粮土貨稅	四七三、二七〇、〇〇〇	均係奉大洋數
豆及油粮稅	一、三三三、八〇八、〇〇〇	
落地銷場貨稅	八二五、二四五、〇〇〇	
菸稅	四四、四四二、〇〇〇	
酒稅	五七〇、六七一、〇〇〇	
木稅	一六、五二三、〇〇〇	

牲畜税	補徵牲畜税	總計	備攷
四〇七、〇〇三、〇〇〇	一四九、一六八、〇〇〇	三、八二〇、一三〇、〇〇〇	

民國十六年度各地局徵收租賦數目表

局別	徵收總數	解省四成	撥旗六成	附記
東公益地局	一六四、〇六一、二〇二	六五、六二四、四八一	九八、四三六、七二一	按法大洋爲本位
中公益地局	八七、四一九、七三七	三四、九六七、八九五	五二、四五一、八四二	
北公益地局	二八、一一四、〇五〇	一一、二四五、六二〇	一六、八六八、四三〇	
東公德地局	三三、六五八、七五〇	一三、四六三、五〇〇	二〇、一九五、二五〇	
天佑地局	二〇、二九八、九九八	八、一一九、五九九	一二、一七九、三九九	
恩昌地局	一五、六七九、一八二	六、二七一、六七三	九、四〇七、五〇九	

合計	三四九、二三一、九一九	一三九、六九三、七六八	二〇九、五三九、一五一

地方稅

本縣設治以來只有春秋兩牌花費爲數無幾自清光緒三十二年知事榮任始設巡警總局委巡警委員張寶書代收警餉是爲收畝捐之始三十三年裁撤分局歸併總局宣統元年九月經民政司張改爲地方收捐處公舉司平章爲收捐總董二年五月司平章辭職公舉蓋蔭亭于漢清爲總董民國元年九月改名地方自治收捐事務所改舉于漢清爲總董三年自治停辦改爲財政捐務公所委于漢清爲收捐委員民國六年自治復活又改爲地方收捐處公舉于漢清爲自治收捐委員民國十年八月改爲地方公欵經理處仍委于漢清爲主任十七

年于漢清任滿改選孫成名爲主任十八年省政府通令改公
欵處爲財政局各項地方稅分列於左
畝捐　本縣畝捐始自光緒三十二年宣統元年以前全境
納捐地十萬晌有奇宣統元年以後改歸收捐處經收增地
七萬晌有奇民國八年改歸縣署徵收逐年漸多增至二十
萬零一千五百晌有奇十五年清丈舉二四行弓之地改按
二八八大畝計算照理宜減乃又增地十萬晌十六年復增
地四萬八千餘晌統計二八八行弓大畝地三十五萬晌有
奇收捐總數共大洋三十六萬七千五百元在宣統元年以
前每晌每月收銅元三枚按銀元價折合中錢一百四十文

宣統二年因警餉不足經趙知事招集士紳核議每晌每年增爲小洋六角至十一年每晌每年又帶徵保甲捐小洋四角五分計地每晌歲收小洋一元零五分十五年七月改爲一二大洋一元零五分十六年度奉省金融陡變洋價累漲每元價格月各不同年終計之共收奉大洋一百九十五萬六千九百七十七元六角四分一厘

車捐　本縣車捐自清光緒三十二年開辦城鄉有車之戶分爲三項納捐給予車牌四套以上大車每牌收小洋四元三套以下每牌收小洋二元轎車每牌收小洋二元十五年奉令四套牌改收奉大洋八元三套牌大洋五元轎車牌大洋

五元除解省一成鑄本五厘外餘作地方教育各項經費按照十六年度共收奉大洋十二萬三千五百八十八元二角五分

屠宰捐　本縣屠宰捐自清宣統元年歸董事會經收嗣歸巡警總局經收每猪一口收捐小洋三角牛一頭收捐小洋三元羊一支收捐小洋三角二年改歸收捐處經收三年經縣農會呈請加捐每猪一口收小洋四角牛一頭收小洋三元羊一支收小洋四角至民國十五年七月改收一二大洋十一月歸警察所收歷年收入總在二千元有奇十六年四月照原捐率加倍徵收則收自多矣按照十六年度共收奉大洋

二萬零五百三十二元五角二分七厘

肉捐　本縣肉捐淸宣統三年時經縣農會呈請徵收每猪一口收小洋五角牛一頭收小洋一元羊一支收小洋二角至民國十五年七月改收一二大洋十一月歸警察所經收歷年收入總在二千一百餘元解省留支各半十六年四月照原捐率加倍 按照十六年度共收奉大洋一萬六千六百零八元四角一分七厘

妓捐　本縣妓捐自淸宣統三年八月徵收妓捐頭等妓女每人月納捐四元二等三元三等二元四等一元至民國十五年七月改收一二大洋十一月歸警察所經收歷年收入總在四五千元不等十六年四月加倍徵收 按照十六年度共收奉大洋五萬三千一百五十九元一角六分七厘

槍印捐　本縣槍印捐自民國元年五月起徵招槍一支收小洋九角洋炮一支收小洋四角五分十五年七月按一二大洋徵收十一月歸警察所經收歷年收入總在一百八九十元全數解省　按照十六年度共收奉大洋一千七百四十六元九角七分五厘

戲捐　本縣戲捐自民國元年六月起徵每日收小洋一元由公欵處經理十五年十一月改歸警察所經收是年七月按一二大洋徵收歷年總在一百元有奇　按照十六年度共收奉大洋六百七十八元五角四分一厘

人力車捐　本縣人力車捐自民國十六年六月起徵每車每月收小洋一元十五年七月按一二大洋徵收歷年收入總在一百元有奇十六年四月按一二四大洋徵收十五年十一

月改歸警察所經收按照十六年度共收奉大洋三百零二元九角三分三厘

馬車捐　本縣馬車捐自民國十三年五月起徵每車每月收小洋一元八角十五年七月按一二大洋徵收歷年收入總在二百元有奇十六年四月按二四大洋徵收以先由公欵處經收十五年十一月歸警察所經收按照十六年度共收奉大洋六千八百九十一元三角

電車捐　本縣電車捐自民國十三年二月起徵每車每月收小洋二元十五年七月按一二大洋徵收歷年收入總在八十元以先由公欵處經收十五年十一月改歸警察所經收

按照十六年度共收奉大洋四百六十四元

營業捐　本縣營業捐民國二年以前由縣城商會經收三年歸收捐處經理仍照商會收數十五年十一月改歸警察所經收均照各商號資本千分之一五徵收捐額歷年收入總在一萬三四千元不等十六年奉令加倍徵收是年共收奉大洋十一萬四千四百六十七元八角九分八厘

學田租　本縣學田地共計地四百零一晌二畝三分九厘六毫每年收元豆六十八石六斗紅粮二百七十五石五斗隨市售價以充教育經費按照十六年度共收奉大洋三萬五千三百五十四元四角九分七厘

附民國十六年度地方公欵處經收各項捐費一覽表

名稱	收入總數	撥解欵數	實剩欵數
畝捐	一、九五六、九七七、六四〇	一九五、六九七、七六四	一、七六一、二七九、八七七
車捐	一二三、五八八、二五〇	六五、七一五、〇五〇	六一、八七三、二〇〇
屠宰捐	二〇、五三二、五二七	二、〇五三、二五三	一八、四七九、二七四
肉捐	一六、六〇八、四一七	八、三〇四、二〇九	八、三〇四、二〇八
妓捐	五三、一五九、一六七	五、三一五、九一七	四七、八四三、二五〇
槍印捐	一、七四六、九七五	一、七四六、九七五	無

戲捐	六七八、五四一	六七八、八五四	六一〇、六八七
人力車捐	三〇二、九三三	三〇、二九三	二七二、六四〇
馬車捐	六、八九一、三〇〇	六八九、一三〇	六、四〇二、一七〇
電車捐	四六四、〇〇〇	四六、四〇〇	四一七、六〇〇
營業捐	一一四、四六七、八九八	一一、四四六、七八九	一〇三、〇二一、一〇九
學田租	三五、三五四、四九七	無	三五、三五四、四九七
合計	二、三三〇、七七二、一四六	二八七、一一三、六三四	二、〇四三、六五八、五一二

備攷

表內各數均以奉大洋計算

附民國十六年度地方各機關支出經費一覽表

總目	分目	額支
內務行政費	警察事務所	九一七、六〇三、九五〇
	祀典	三、九九十、五三四
	教育公所	三七、五六六、三三五
	縣視學	一、二四〇、〇〇〇
	東洋留學費	二、四〇〇、〇〇〇
	師範講習學校	六五、八九九、二九〇

初中學校	三一、九一一、〇〇〇
職業學校	二七、一二五、五一〇
縣立高級小學校	一一八、一二九、五〇〇
縣初立小學校	一五七、八三五、〇〇〇
區立小學校	六〇、八八九、〇〇〇
村立小學校	五一、九一〇、〇〇〇
私立小學校	一五、〇三六、〇〇〇
平民學校	四、〇六八、一九〇

財務行政費	地方公欵處	二九、〇九七、六〇〇
實業行政費	農事試驗場	二〇、九九五、三〇〇
內務臨時行政費	警察臨時費	一四、九〇五、〇〇〇
	謡譯費	三六〇、〇〇〇
教育臨時行政費	教育臨時費	三〇、六五五、〇〇〇
保甲費	保甲所	一二五、七一九、〇〇〇
合計		一、七一七、三四三、二〇九

備攷

表內各數均以奉大洋計算

懷德縣志第六卷

司法

前清舊制以知縣爲親民之官民刑訴訟皆歸一人獨斷司法與行政權混而不分洎光緒末葉變法圖强乃分司法行政之權限於是各省先設司法籌備處繼設提法審檢各機關始具司法獨立之雛形迨至國體變更勵行法治民國二年通令各縣設立審檢所由省高等審檢廳委帮審員專理訴訟爲司法獨立之權與經費拮据難求完備三年四月六日公布縣知事兼理司法事務暫行條例與縣知事審理訴訟暫行章程聊爲補苴之計究有混合之嫌民國十四年三月司法公署成立以

縣知事兼檢察官雖有監理司法之名而審判權則純屬於監督審判官及審判官於是漸有司法獨立之精神矣茲將已往之沿革及現在之建置分列焉述司法

司法科

本邑舊有典史員缺典司監獄民國二年四月通令裁撤六月設立審檢所由省高等審檢廳委幇審員二專理訴訟民國三年裁審檢所改爲司法科縣知事仍兼司法設承審員一書記員一承發吏四檢驗吏一司法警察以縣公署差遣警察充之常年經費四千三百九十八元至民國十四年司法公署成立遂廢附歷任幇審員表

何鳳笙
滕紹周
劉鐘秀
壽　椿
附歷任承審員
唐　樹
鐘毓英

司法公署

本縣司法原以縣知事兼理於民國十四年二月間奉令組織司法公署由奉天高等審判廳令委監督審判官李邦禎籌備

一切事宜於十四年三月一日實行成立當即由廳頒發鈐記一棵文曰懷德縣司法公署之鈐記該署尚未建修暫借縣署西院辦公內分審檢兩部審判部分設監督審判官與審判官各一員檢察部分縣知事兼檢察長設有檢察員一檢驗吏一辦公分總務記錄兩科各設書記官一僱員五庭丁三現正籌畫建置司法公署矣茲將歷任法官姓氏與每年收結民刑案件起數暨全年經費分列於左

歷任法官表

職別	姓名	別號	籍貫	到職年月日	去職年月日
監督審判官	李邦禎	字席珍	遼陽	十四年三月一日	十六年七月三十一日交卸

職別	姓名	字	籍貫	任職	交卸
監督審判官	姜相臣	襄五	蓋平	十六年八月一日任	十七年九月三十日交卸
監督審判官	孫鼎銘	紹宣	錦縣	十七年十月一日任	
審判官	賁寶森	藝林	撫寧	十四年五月二十九日任	十四年七月八日交卸
審判官	呂正鈞	鑑平	西豐	十四年七月二十一日任	十五年十二月十五日交卸
審判官	張之英	俊卿	復縣	十六年三月十八日任	
檢察員	關春溥	潤泉	開原	十四年三月一日任	十五年九月二十五日交卸
檢察員	何乃昌	鼎三	岫岩	十五年十月三日任	十五年九月二十五日交卸
檢察員	金廷鎏	西垣	海城	十七年三月二十三日任	十七年九月二十二日交卸
檢察員	周啟豐	少伯	開原	十七年十月十二日任	

每歲收結民刑案件起數 附簡明表

年度別	舊管	新收	已結	未結	備攷
十四年	八三	八七二	九一四	四一	
十五年	四一	一、〇五二	一、〇六八	二五	
十六年	二五	八〇七	八二二	一〇	
十七年	一〇	三一五	三二二	三	

全年經費

審判部分全年經費奉大洋七萬二千二百二十六元

檢察部分全年經費奉大洋一萬二千八百元

看守所部分全年經費奉大洋三萬零四百元

罪犯習藝所　本邑監獄舊有典史公署大獄與縣公署內西

大封清宣統元年在縣公署東創建罪犯習藝所於是將大獄之已决各罪犯遷入該所教以各種工藝有期徒刑者預爲出獄謀生宣布死刑者不受獄吏虐待法至善也置管獄員一看守長二看守兵八房間共二十三分縫級科織科鐵科木科至民國十六年夏改稱看守所仍沿舊制加以改良管獄員改稱所長看守長丁名額仍舊自一年以上之徒刑犯奉令解往遼源監獄後所內無年久之藝徒鐵木縫級各科遂致停辦現僅餘織氈與刷印兩科

監獄　在縣署内西廂房共十間北一間爲女封四間爲看守室南五間爲監獄凡命盜案犯刑罪較重者繫於此外有磚墻

自監獄改良以來力講衛生日事洒掃較曩昔之湫隘汚穢不啻天壤亦進化之一班也

拘留所　在縣署内東廂房五間南二間爲拘留所北三間爲差遣警察室自十六年將重刑罪犯解往遼源監獄後看守所騰出房間遂將拘留一部分并歸該所以所遺之房間改爲法署廚房

登記所　在縣署内於民國三年設立兼辦黏貼民國新契紙事宜主任一書記催收員無定額登記費除辦公與一切費用外統呈繳省高檢察廳撥作司法經費作正開銷嗣以民智不開漸就消沉雖經歷任監督積極進行但所收登記費究屬寥

寥者民國七八九年間僅足開銷尙無餘存之可言一般人民不知登記爲何事民國十二三年間登記費留支存餘雖日見增多但人民對於登記每誤會爲間架稅仍不悉登記之義意洎至十六年間登記日漸踴躍收數亦隨之增多民間漸知登記爲產權之保障與裁判之根據至十七年間孫監督審判官李縣長到任以來竭力整頓不遺餘力派登記趙主任親赴各區招集村民人等講演以期民間對於登記利益了然於心是以登記收費迥異往日登記留支已積至數萬元矣

懷德縣志第七卷

交通

我國古昔交通不便甚矣觀所謂山性使人塞又云關山難越二語可以知之洎近世修築鐵路法非縮地行且兼程矣他如郵局林立寄書不慮浮沉電學發明隨在皆可利用世界進化誠人羣之幸福哉懷德地屬高原旣乏之險要之區又無河山之阻曩昔江東運輸粮貨率以懷德爲孔道蓋取交通之便也自俄築鐵路而形勢頓變民國十年秋縣奉部令修補縣路雖未臻王道之平平而羊腸變爲康莊矣嗣又籌設電話添駛氣車以速消息以便行旅斯皆交通之要務也述交通

鐵路

南滿鐵路　清光緒甲午中日之役俄借德法干涉東瀛交還遼東半島乃定馬關之約二十二年中俄密約界俄以東省鐵路之敷設權以道勝銀行司建築經理以東省鐵路公司爲專轄機關其幹路起於赤塔城而接於烏蘇里中貫吉江省境者計長二千八百十六里清光緒二十四年俄復租佔金州續訂合同南極旅大北抵幹路之哈埠是爲支線南北延袤一千八百二十里二十九年全工報竣洎日俄和約成長春以南各線悉讓日本三十一年十一月中日訂立會議東省事宜條約俄人允讓日本各項暨中俄借地造路各約中國概行允諾該路

遂移授日人滿鐵會社改稱南滿鐵路境內驛曰范家屯爲二站東至大屯爲長春曰劉房子曰陶家屯均係小站曰公主嶺爲三站曰大楡樹亦係小站西爲梨樹界横貫縣境凡一百二十華里

道路

東通江東大道至邑東傅家屯入長春境凡十二里南通伊通大道至五台子入邊凡百里西通梨樹大道至楊小店渡河凡五十里北通雙城堡大道至十二馬架入長春境凡二十三里東南通吉林大道至伊通邊門入伊通境凡一百二十里西南通伊通大道至赫爾蘇門入伊通境凡一百三十里西北通雙

山大道至哈拉巴山前入雙山境凡一百三十里東北通農安大道至張家樓入長春境凡十里

民國十一年秋奉省政府頒發條教將各縣路政列爲地方官考成自是厥後經歷任邑宰督飭修築舉上列之縣鄉各路修有雛形由民國十四年春由縣規定修路辦法責令各區村分段修理樹立標樁分清界址責紂近之村各修本段於是路政始有進步惟以全境土質黑黏工難持久若督飭稍懈則頓形梗塞現任邑宰李公主張責令各村民於大段之中再分小段使之各有專管視爲己責遇大工程乃集羣力隨時督修俾成習慣并將標樁樹齊以便責成路政從此或有進步乎

津梁

一區

東大橋　東南門外
南大橋　歸昌門外
西大橋　迎恩門外
西北大橋　靖安門外
正北大橋　綏遠門外

二區

大嶺橋一
傅家村橋一

窪于村橋一

三區

黑林子橋一

姜家大橋橋一

卡倫橋一

小橋子橋一

鄒家溝橋一

四區

小城子橋一

朝陽坡橋一

中陽卜橋一
秦家屯橋一
溫大橋橋一
大楡樹橋一
戥子街橋一
五區
蘭粉房橋一
六區
三門姜家橋一
董粉房橋一

王家爐橋一
糖房張橋一
城　鍋橋一
七區
公主街內外共橋六
八區
泡子沿橋一
小八家橋一
王家學房橋一
三架梁橋一

興隆溝橋一

小山村橋一

新開河橋一

楊家大橋橋一

按縣境并無巨川以上有橋之處均係涓涓細流河無名流故橋亦無定名也

電話

公主嶺電話局　設立河南官街先是河北日本附屬地有日本電話於民國四年一月經公主嶺電報局局長李靜生自籌資本六千元創辦置局長一司機生一

范家屯電話局　於民國八年經范家屯電報局局長馮慶堂提倡由范家屯驛各商號集資五千元創辦置局長一司機生一

縣城電話局　民國十年冬經知事儲公按地每晌出奉小洋二角共籌欵四萬元以五元爲一股創辦電話總局設於縣署之大門外東西兩廂計房六間經局長孫紳成名胡紳作綸歷謀擴充以至現在計有交換機六架掛機話匣九十號枝幹各線長凡三百九十八里松木電桿二千四百根并與長春伊通雙山梨樹各縣聯綫現任邑宰李公方謀與奉天電話分局（在公主嶺）聯綫并擬兩站（公主嶺范家屯附屬地日本電

話連絡以靈消息云

電報

全境電報局凡三一設公主嶺（民國元年）一設縣城（十二年）一設范家屯）（八年）各設局長一工頭一名至三名不等惟公主嶺局設有司事一人收入之豐以公主嶺爲最月約千餘元縣城與范家屯月不過五六百元耳

電汽車道

民國十三年邑商張學洪等自購電車三四輛往來於懷德縣城范家屯一時行旅稱便營業頗佳嗣至民國十四五年後增至九輛呈縣備案官家爲便利交通獎勸營業計僅月收捐欵

每車　元嗣奉實業廳頒發氣車管理規則該商等羣擬組織公司徒以資本微薄購用專道維艱經縣代擬租路章程而又修築無力遂仍爲私人營業冬駛夏停

郵務

懷德縣郵局凡三一設縣治西南公主嶺一設縣城西街路北一設縣治東南范家屯清光緒三十四年創辦均爲二等局各設局長一郵差三四名不等公主嶺局局長下設襄辦二范家屯襄辦一每月收入以公主嶺局爲最月收現洋四千之譜范家屯與縣城兩局月不過四百餘元或至六七百元不等外設郵務代辦所四所在地爲朝陽坡黑林鎮大嶺鎮楊大城又郵

政信櫃四分設毛家城秦家屯大榆樹各鎭至於郵箱城市鄉鎭所在多有而縣設郵局並專設鄉鎭信差一循迴西北各鄉鎭每至一村自行振鈴幷售郵票荒僻村落皆得坐收信件隨發包裹消息靈通城鄉均便自民國十七年　部令華洋人員一律待遇郵務員以上均報部註册給照由省總局加委分派每歲晋級略分三等一日特別優長二日優長三日中長特別優長者月加俸三十元其次二十元再次十元幷有例假之規定每供職滿四年者准給假四個月假期內給以三個月薪俸滿十年者准假一年給以八個月薪俸本城郵局長張君玉凱供職十有三載無一過得邀晋特別待遇可謂信賞矣祿足養矣

廉孰不奮勉人謂吾國新政以郵務爲最殆以此耳

電燈

公主嶺范家屯電燈於民國五年十二月五號開辦均爲日人之營業

懷德縣志第八卷

實業

國家之富藏於兆民兆民之富寓於實業實業興者罔弗强實業衰者罔弗弱歷觀古今縱覽中外其理不爽也懷德本爲宜農之地果能勤儉自持盡力甽畝將見始而佃田繼而置田終且田聯阡陌稱巨富焉者比比皆是也廻憶光緒初元境內大戶如窪子畢家協力堂王家皆地逾二千餘天可謂富矣今則戶之大者分而爲小繼起者寥寥無幾豈人多不務本歟抑亦地力亦將竭耳患貧之日迫在眉睫休養生息端賴居民上者加之意焉至於懋遷有無營商致富者則以關內昌灤樂三縣

之人爲傑出同光之際商業鼎盛致有塡不滿八家子之諺言其轉運雖多無有不銷者今則商業之衰達於極點大商只能維持目前小商資本折閲殆盡即使具有陶朱猗頓之才亦未必操必勝之券也工業以料眞物堅爲貴而故步自封不見進化今則各種簡單機器家置戶有力求進益特恐其崇華黜實焉此又勢之所難免者矣總之金融不調生計日蹙外縱粉飾中實枵虛於此若不設法挽救之誠恐有不堪設想者述實業

農務

懷德縣農務會　設立縣城西街財神廟内民國三年由士紳遵章公同組辦以開通農智改良農人正副各業爲宗旨公訂

會章選舉正會長一副會長一會員三十皆名譽職常年經費五百元由積穀利息項下開銷至民國十三年以邑人林某揭控積谷弊端經王前知事清理共得餘存之谷七千一百五十七石七斗三升一合一勺以一半變價發商生息以一半出貸劃歸各區長（時區村制初辦）經理定爲年利一分五厘以一分歸倉五厘歸區長辦公農會以無收入遂無形消滅時區村制第一區區長兼農會會長公欵主任爲副會長守圖章外已無事可辦而正會長故後又未改選遂致繼存其名民國十八年冬現任縣長李公蒞任之始以本縣地界平原宜開發農業擬遵省令將積谷變價之利率提八厘撥充農會的欵并委邑

紳畢樹勳爲農會籌備員釐訂會章重新組織現已將辦法分呈列憲此後有欵可支有章可遵當不似從先之徒擁虛名也按懷境地處北鄙雖土質甚腴而天氣殊寒是以屢次闢場試驗分類樹藝各國優良穀種苗而不秀者有之秀而不實者有之縱勤東作終乏西成究非土質之不宜氣候之不適良以講求乏術振興未力耳是非專門人才悉心研究不爲功也

附社倉　清光緒二十五年經高令瞻陽勸民積谷四千七百六十石以備荒年仿常平倉法創立社倉三十八所責成各紳戶藏儲出納民戶借谷出息二分嗣經拳匪之亂日俄之役積谷遂不可收拾幸慕令昌治來宰斯邑極力整頓積谷卒較原

數所虧無幾至宣統三年秋霪雨成災次年經田令雨時設籌荒處借放積谷四千石至民國三年由縣移交農會辦理歷年以來除將谷利開銷農會經費與各區倉主一切費用外實存積谷七千餘石餘已見前

農業試驗場　本場原係義地經邑紳粱豐年榮文濤卞會瀛等捐貲買地施捨者也成立於民國二年規模狹小無何成績民國十二年經王令家鼎將荒塚之西空閒之地撥作試驗場歷年來經營擘劃頗有可觀有桐梓桑槐楓漆各種苗床及佳種菜畦秩序井然十六年春洮昌道尹戰公巡行蒞止頗蒙嘉賞題有　　四字匾額幷誌於一匾端略云

惟該場經費限於預算計全場薪公等月不滿六十元無米爲炊殊形拮据現任李公以場爲發展農業之主要須設法擴充以資倡導遂擬牧畜養雞蠶桑果品等業十八年預算設法增加想後此成績當日進優良矣

模範林　林在本邑西北警察第八區境丁家窩堡村去縣百一十里設於民國十二年以邑八畢省三虧欠公欵沒收家產一案將其薄地收歸公有計面積千四百餘畝以千畝劃作十區歲植一區其餘四百餘畝沙磧尤甚留作林道及存放木材開溝洩水之用迄今造成之林約四百餘畝然生殖究不暢茂蓋以經營未至保護未週也

電話局　詳交通門

氣車　詳交通門

農時

立春　凊制每歲立春前一日由縣具鹵簿儀衛遵欽定協紀辦方內載歷年芒神春牛色相依式爲之陳撫近門外知縣以下皆詣東郊行迎春古禮各種游戲如龍燈獅子秧歌具備甚盛事也民國成立乃廢

雨水　農傭始勤操作車糞糞田

驚蟄　農民習慣贖典契地者以是日爲限

春分　菜圃糞韮

清明　栽蒜種麥諺云三月清明麥在後二月清明麥在先農家遵之

穀雨　種元豆清制每歲是日知縣率屬詣誠外魁星樓前爲先農壇行古藉田禮今亦廢

立夏　種禾麥及穀菜蔬

小滿　補種雜粮

芒種　同上初耘諺云過了芒種不可强種過此時只可種小豆綠豆蕎麥等尚可如他高幹之禾必不能及成熟盖以地勢高寒秋霜早至也

夏至　次耘

小暑　三耘
大暑　刈大小麥種蘿蔔菘蕎麥撥蒜
立秋　刈靛漚麻
處暑　同上諺云處暑不出頭割了喂老牛盖斯時苗若不秀則無結實之望也
白露　種葱始刈禾稼
秋分　百穀皆熟諺云秋分無生田又云秋分割油粱皆老農經驗之語也
寒露　築塲圃納禾稼掘馬鈴薯拔菘及葱
霜降　醃蔬漬菜

立冬　掘窖藏菘打塲
小雪　打塲
大雪　盖藏禦冬
冬至　盖藏禦冬
小寒　農傭工滿繳納租捐淸理賬目
大寒　決算一歲贏絀預備來年用度

工務

懷邑物產不豐原料亦少百工技藝摸擑相安製造率仍（沿）成式除尋常日用鐵木諸器與夫筐筥榼箧而外旣無富存之資本家又鮮改良之製造品良由地處遐陬去通都而太遠人多固

陋欲仿効而莫由近年以來東西各國輸入物品日新月異工師耳儒目染未蒙不心焉慕之又兼實業立有專廳文告遞頒極力提倡是以懷境之工藝日漸振興公主嶺范家屯等驛機器油房已有六家他如縫衣切面各機器幾於指不勝數將來工業發達亦旦暮間事耳

商務

懷德縣商務會　設立中街路北先是商家團體有公議會附本城關帝廟內會分二等曰大會（燒鍋典當）曰二會（棧店雜貨）大會輪流值月有事則值月家傳知在會各家齊集會所會議然所議者皆係瑣事而於商業之應研究者毫無講求商智不開有由來矣至

清光緒三十三年奉省憲通飭設立商務分會公舉東公益地局局員梁豐年爲總理會員二十名遵照部定章程以振興商務籌進商政獎工勸業排難解紛爲宗旨各鎮如公主嶺范家屯楊家大城黑林子等處亦設商務分會以資協進惟公主嶺商會以該鎮商業繁盛地屬衝要於民國　年援商會法第　條之規定專請立案由部頒發圖記離縣商會獨立其餘楊大城黑林鎮等分會則仍隸屬於縣商會縣商會總理嗣後奉令改爲會長公舉劉榮充之復設會董各名額在會各員皆由票選會長一副會長一議董六會董十文牘一辦事員一會員無定額常年經費無的欵量出爲入由各商號按股攤潑縣商

會籌設天一水會置有水箱二具遇有火警鳴鑼爲號商號各出水夫一名至四名不等携帶水槍水筲長鈎等物齊集火塲救濟未到者議罰從前由典史公署經理迨典史員缺裁撤水會事宜遂歸商會焉

輸出額　據懷德稅捐徵收局民國十年度呈報之數

種類	數目
高粮	十七萬六千七百七十石
大豆	十二萬五千零二十六石
粳子	一千二百石
包米	十四萬四千三百六十六石

小豆　一萬二千三百三十一石
綠豆　二千六百八十八石
稻子　一千三百三十四石
蘇子　二千六百六十石
麻子　九百四十石
元米　六千九百六十石
芝麻　五百四十石
馬尾　三千斤
靛　十萬斤
小麥　一萬九千六百八十八石

大麥	六千四百一十石

輸入額

種類	數目
白糖	十二萬六千斤
紅糖	二十萬零二千斤
食鹽	二百萬斤
洋酒	五千斤
茶葉	一萬六千斤
菸草	五百箱
葉菸	五十萬斤

紅棗	六萬六千四百斤
人葠	六百六十兩
肉桂	一千六百斤
木耳	四千五百六十斤
鮮姜	一萬五千二百斤
花椒	一萬二千七百斤
胡椒	六千一百二十斤
海參	一千三百六十斤
落花生	八萬二千斤
瓜子	三萬五千二十斤

煤油　三萬箱
木炭　二十二萬斤
葦席　八百五十梱
面堿　三萬六千八百斤
石灰　十萬六千斤
大布　一千六百四十四件
東洋大布　一千四百二十八件
花旗布　七百三十二件
洋花其布　二百零四件
苧布　九百疋

坎布	二百四十件
愛國布	一千八百四十疋
洋布	二百二十八件
寗綢	五十疋
達連布	一百八十件
太西緞	一百八十版
洋呢	一百版
毛毯	一千條
洋線	七百五十六梱
鐵鍋	一千一百口

洋釘	一萬二千七百斤
洋火	二千八百箱
洋臘	六百六十箱
線麻	九萬斤
煤	十四萬斤
棉花	五百十六包
川連紙	八千刀
海尖紙	一萬四千塊
大甲紙	三千八百刀
白官紙	三千九百刀

粉連紙　二千八百刀
表辛紙　五千二百刀
高裔布　一百件
套布　三百八十件
青絲烟　三萬五千斤
庫緞　三百四十八疋
洋縐　一百二十疋
洋面　五千袋
綺緞　一百九十二疋
貢緞　八十四疋

線春　五百四十疋
雲霞緞　一百三十二疋
懷德縣城輸出額　民國十六年商會調查之數
元豆　十萬零五百五十石
紅粮　六萬五千五百石
包米　一萬石
小米　二千石
公主嶺驛各種商工輸出額
共奉小洋六百六十一萬一千元
范家屯驛輸出額

運銷雜粮二十萬石

成貨大洋三十萬元

懷德縣城輸入額　民國十六年商會調查之數

棉花	五千斤
大布	二千疋
花其布	四千疋
市布	三千疋
坎布	三千疋
打連	二千疋
洋布	一千疋

串綢　五十疋
線春　四十疋
宮綢　二十疋
摹緞　二十疋
公主嶺驛各種商工輸入額
共奉小洋五百八十六萬二千八百二十元
范家屯驛輸入額
銷售外貨大洋三十萬元
原料大洋一萬八千元
店鋪　民國十一年調查之數

粮棧	七十二
粮車店	十五
燒鍋	九
客店	十
山貨店	八
雜貨鋪	五百三十二
質當鋪	十一
首飾樓	十二
錫行	八
洋鐵行	十四

木行	三十
鏵爐	一
肉行	二十五
葯行	二十一
碾磨行	六十
香油醬園	十一
大車舖	九
膠房	四
印刷刻字行	十一
鞭杆舖	二十二

梨窖	十六
洋煙舖	十二
染房	三十一
棚槓房	三
轎房	八
鼓樂房	一百八十七
澡塘	九
理髮處	三十
報館	十二
書舖	五

機房	五十九
豆付房	三千一百二十四
粉房	八百九十一
糖房	一百二十
菸麻行	五十二
糕點行	四十六
燒餅行	六十七
飯館	三十
豆油行	四十八
成衣行	十三

鞋靴行	十一
靰鞡行	二十二
毡帽行	七
估衣行	十七
羅圈鋪	九
炸炮行	二十
棻床	六十七
鞍韂鋪	十三
醬房	七
柳筐行	十九

磚瓦窰	十八
照像舘	六
繩麻行	二十六
筆舖	一
花店	九

懷德縣城各種商工共計二百七十一

公主嶺驛	三百六十
范家屯驛	二百九十六
楊大城鎮	九十四
黑林鎮	九十一

秦屯鎮　七十五
大嶺鎮　五十九
毛家城鎮　五
總計一千二百五十一戶民國十七年縣商會調查之數

水利

懷境西界遼河檉柳叢生蒹葭並茂除芻蕘而外本無水利之可言自民國六年二月二十四日縣奉農商部令倡導水地種稻并發給水地種稻説明書以資取法於是農會會長趙鐸與李德新劉繼耀張如霆等合資租縣西北小五家子屯窪荒四百畝僱韓人八名本國人四名墾荒種稻於三月五日呈縣備

案是爲農會首先提倡種稻之始嗣經該會副會長李煥章於秦家屯南傍河荒地八十畝自備資本如法種稻未甚獲利自是以後日見擴充如縣南呂翊唐谷耀山王惠封王洪逵孫永貞等均係首先倡種水稻之人如小五家子兩家子三教寺前二道河子八屋佟家窩堡車家窩堡龍王廟子甕圈二十家子大泉眼張家窩堡公主嶺八岔溝子尹家店响水河子八大泉眼新開河四道崗各處均係宜種水稻之地民國十年全境水田已達三千一百四十餘畝澤國變成膏腴收獲倍於旱田水田之利大矣哉近又由省分設水利局以董其事而泯壟斷水權之爭誠善制也自是以後歲有開闢至民國十七年據水利

局册載全境稻田已至一萬零五百餘畝將來逐漸擴充當不止此數也

懷德縣志第九卷

人物志

自太史公敘循吏儒林各列傳後世志人物者咸分類傳述以標志趣例至善也懷德人物古籍闕如開墾以來風俗湯穆設治而後文教昌明百餘年來耆德碩學勇士節婦亦間出焉爰采其事蹟昭然在人耳目者着於篇而以賢令政績列於前者重循良表實惠也述人物

政蹟

張雲祥字集亭四川成都府華陽縣人光緒三年十二月二十二日履任當馬賊擾攘之後改立縣治之初公以與民休息爲

目的辦賊嚴而不酷行政簡而不擾上不應酬下無需索初文廟牆垣以甓砌之被風雨剝蝕漸就傾圮公獨捐廉易之以磚即今現在之繚垣八年夏新任之牌已懸示矣屬民聞知赴省籲留雖經駁飭而上憲仍默順輿情未行撤任是年十二月十八日委査事件九年三月二十七日回任十一年二月初八日始行交卸公在任七年士庶樂業民教相安

賀垻字筱泉山東登州府寧海州人光緒十二年八月十二日接任時懷邑尚無書院公捐廉俸千二百兩以爲之倡書院乃成士子賴之尤嚴於治賊聞報即捕獲即置諸法鄉保匿報亦從重責之眞盜到案無倖免者民間細故一訊即結雖其中不無武斷而民免拖累亦不尠矣十九年十月二十三日交卸在

任七年盜賊斂跡惟使酒濫刑及門丁林某乘勢窃權不免爲政聲之累

陳衍庶字錫蕃安徽安慶府懷寧縣人光緒二十三年八月初十日接印自甲午之後馬賊又見蠕動公乃正辦團練令商民籌欵設立練營以唐玉和爲統練分駐四鎭各鄉則視民多寡以定團丁名額大團三十名小團二十名均無餉糈自備軍火有事則聚無事則散並嚴查界內匪人以絕盜賊眼線遇有賊來練營邀擊就近各團輔之庚子之前境内賴此以安二十四年十月二十四日卸任

高暄陽字樸菴江西九江府彭澤縣人光緒二十五年七月二

十九日接印勸民積穀四千七百六十石創立社倉三十八所二十六年四月二十六日交卸署事認眞無敢欺蒙

慕昌治字平甫山東登州府福山縣人光緒三十三年六月初八日接印自高公創立社倉之後即經拳匪之亂加以日俄交閧境內官事匆匆民情岌岌胥視社倉無關緊要公到任亢旱已甚下車伊始即以此事爲當務之急調查認眞不遺餘力善舉不致中墮者於公有賴焉三十四年二月初二日交卸署印八月政由己出權無旁貸

廖彭字錢（箋）如貴州都勻府獨山州人光緒三十一年正月初九日接印二月十二日被俄兵擄去蓋正月初五夜突有日人率

鬍匪三四百名轟毀二站東鐵路橋俄人忿甚因遷怒於地方官不知事在公接印前也擄至鐵嶺見彼達官事既白令回任値俄兵驟退挾與俱行抵三站因通事勾串俄弁禁於黑屋邑中尚不知公之所在也越數日幸有公益地局局員梁豐年等前往探詢彼等飽其欲始行釋放公在俄營往反二十日徒行露宿備極艱辛然當俄兵退入懷邑時公見彼軍官毫無餒色議論侃侃凡事必自任之俄官欲下鄉買車馬公力阻之飭令鄉牌代購民始賴以粗安至俄兵之强號糧草勒買牛猪不過通事勾引彼輩於中取巧然畏俄官知使無公力阻於前則騷擾尤甚矣尤足稱者俄人在境通事坌集肆横公誅李通事而

漢奸乃畏威歛迹俄隊遣散後盜賊充斥爲害尤甚公復戮張四馬棒降隊始懾服此等作爲尤非俗吏所能無如俄人方去新任已來竟於三十二年二月十三日交卸去鄉土志

儲鎮字鐵生江蘇宜興人民國八年任下車伊始即詢閭閻疾苦知民之所最苦者惟盜爲甚於是勵行保甲嚴連坐無論爲盜窩盜濟盜訊得情實立置諸法計期月間斃匪逾百餘人十數年之枳棘一旦斬伐罄盡治亂國用重典公庶幾焉他如工廠縣道電話儲蓄會諸大端皆公所擘畫而創設者縣民至今便之故升任遼陽時民樹碑頌德焉

王鎬直隸文安縣人王孝子原之後也舉人大挑二等於光緒

二十八年選授懷德縣訓導性醇謹待士以禮到任二年得末疾請告返里其自書楹聯曰十七世詩書門第三百年忠孝家風盖實錄也

隆釗京旗人光緒庚子署懷德典史任拳匪肇亂有邢福者性桀驁自奉天主教尤横行無忌時人心阢隉福揚言曰小黑龍村聚教民數百不日即進佔懷德云公巡行市井適聞其言以其圖爲不軌也立稟縣置之法人心大快縣城卒賴以安

論曰典史微秩也位輕權小遇事不敢自擅當人情遑遽之際拳匪肆虐教民思逞宵小伺隙盜賊成羣縣城之危殆在眉睫矣公竟秉經行權本刑亂用重之訓而出殺一

警衆之舉卒致教民潛踪拳匪亦從此斂跡書云致治於未亂保邦於未危我公有焉或謂邑侯范公殺之盖殺之者范公而肇其謀者實公也茲特表而書之使復(後)之任微秩者苟有益於地方一事自足千古奚以多為

鄉賢

魏奉璋字襄臣咸豐七年入吉林學同治十三年援例納貢光緒二年貤(贈)封奉直大夫先時境內開墾未久昌圖廳亦未設學居民力穡者多鮮知誦讀間有鄉塾教讀者均外省人率多濫竽公則以啟迪後生為務化疇昔之狉榛肇一方之文運實惟公提倡之家居教援(授)尤工舉業弟子稱盛一時其姪晉楨由進

士官至即補道實公教底於成者門下士承其指授多騰達有至開府者士論榮焉鄉土志

于鳳池原名文繡字西橋咸豐時入承德學嗣攷取宗室學漢教習期滿授教職歷任金州盖州寗遠州教諭所至以正風化端士習爲要務性廉介而善講演每當訓示諸生時高談雄辯聲如洪鐘振聵發蒙令人心折故門下士咸廉隅自飭不敢蹈匪僻宦游數十年惟攜一僕自隨年六十請告卒年七十有一

榮文達字可民號亮夫誕時公母夢紅蛇盤於床大逾東輪驚寢而公生公生而歧異聰穎殊常兒塾師不能授以課就學於七百里外遼陽王爕臣先生公之父執也彼時家綦貧王奇公

才不受束修然往返川資動虞不給以乞食爲常年十五爲村塾師十九昌圖初設廳治請學額廳試張芷生司馬得公卷大奇之曰吾爲國家得眞才矣院試經古諸作傳抄殆遍大有洛陽紙貴之概癸酉科選拔十試於鄉癸巳始中副車居都門每試金臺書院輒列前茅故累試報罷而名動京師南方學者咸重之吾鄉同時與公齊名者爲遼陽房仲南新民劉東閣人稱爲遼東三才子識者首爲公屈一指焉公於經史詩文書畫諸學無所不窺皆能溯本窮源深造有得從公受業者得公之諸餘多破壁飛去四弟文昭舉李廉方正季弟文祚舉於鄉皆公教也少任俠慕朱家郭解之爲人弱冠與遼陽董伯醇交始返

求實踐以宋儒爲宗嘗曰聖人首重知恥人禽之判只此而已性和易待人以誠而不修邊幅疎懶成性髮經月不櫛面數日不盥敝衣汗垢履踵絕而束以繩遨遊於名公鉅卿文人學士之中坦然自若然猶介自持蒙藩之贈裘崇文山相國胡少宗伯之招致皆婉謝之終身進退必準於義理謂非足於中無待於外者歟初光緒甲申公以拔貢攷取盛京宗室學漢教習三年期滿引見以知縣分省試用或勸之仕概然曰牧令撫一邑民耳人苟存心濟物稱力而移安必以令爲癸卯受大吏聘爲奉天大學堂總教習五月疾發卒於旅次生平著作強半散佚畫尤罕見常熟孫師鄭選四朝詩錄公詩甚夥手書尙有存者

時人得之珍逾連城云卒年五十有六鄉人私謚（諡）曰惠敏先生
榮文昭字誼雲可民先生之四弟也有夙慧三歲能誦唐詩百
餘首琅琅上口人咸異之年甫舞勺代人作春帖子老宿見而
驚嘆同治癸酉年十四始入塾從師四年而通五經試冠一軍
光緒庚辰補博士弟子員旋以高才生食廩餼秋闈屢躓五試
不售有清定制每新天子御極特須恩詔於各行省州縣令
各選孝廉方正一人謂之制科詔辭嚴重應之者恆難其人
宣統初元公爲邑宰及里所推得膺是選一時士論翕然謂公
之制行允足當此四字而無愧也會遭國變益堅邱壑之志遂
不復出公事母時太恭人以孝聞迨太恭人棄養廬墓六年食

必祭祭必思慕而泣六年如一日也公篤於手足賞欲裒家庭唱和諸作顏曰塤篪集以紀其事公之著述從不示人光緒末葉邑候聘著鄉土志考據精核當時推爲各縣鄉土志冠云卒年六十有一

孫嶽東字貢三邑庠生幼穎異讀書求深造長游樂亭樊孝廉成齊門業益進工制藝尤解經秋闈報罷遂設帳里門隱居不求仕進及門多雋才如趙郎中晋臣遲同知憲章皆先生之高足弟子也其弟嶽金現任吉林饒河縣知事亦先生手教底於成者得先生之餘緒者多拾靑紫亦足徵先生之遺澤遠矣卒年五十有六

趙晉臣字迺唐幼不好弄靜穆異常人從邑中名宿孫貢三先生學穎悟勤劬迥不猶人年十九入邑庠光緒戊子領鄉薦出蜀南施鶴笙先生房深加獎許自設縣後公首膺鄉選邑人咸引以爲榮時游都門試金臺屢冠其曹文名藉甚曾以舉人朝考大挑一等按例以知縣選用公不就光緒己亥膺昌圖陳太守濟蒼之聘主講榆城書院務敦實學袪浮華故成就者甚衆甲辰停科舉納貲爲禮部郎國變棄官歸里自號漢隱不復出項城當國召集國民會議邑令以公應徵公毅然辭不赴後聞蒞會者多被廹脅人咸服公之卓識云晚年居城中官吏罕覯其面偶有往還非先焉弗往也天懷冲淡不問家計善書於各

體均遺其貌而得其神故邑人得之如拱璧焉著有耕禮堂家乘一卷雜文若干卷詞一卷師竹齋吟草八卷詩經孫吏部師鄭選印三卷行世餘續梓刻公之作詩也始自禮部供職時際國步多艱政事日蹙公目覩神傷一有感觸輙寄咏歌以舒其胸中鬱結之氣論者論辛亥以前各詩多淑性陶情之作辛亥以後各詩又變爲麥秀黍離之遺音也丙寅偶讀佛書有所悟遂精研淨土經籍弗倦乃自號蓮石嘗自作輓語輙詠司空表聖生壙詞以自況戊寅冬膺邑侯李公纂修縣志之聘發凡起例均有法則是歲十二月卒年六十有七

高香濤字秀三幼聰穎年二十一歲攷取附生後入書院肄業

二十六歲攷取歲貢生甲午戊子兩次鄉試不第鄉居設教至光緒三十一年本地胡匪四起經牟縣尊委辦警察充北路總理光緒末年停科舉立學堂充縣立高等教員宣統初元創設自治各縣設立議董兩會經衆舉爲本區楊大城鎮議事會議長後赴江東懇荒歷三年回里卒年七十

趙鑑清字聲遠幼穎異讀書有神悟年十九劬書致疾遂治岐黃常謂吾人居里巷無所資以利濟醫雖小道苟善用之猶不失痌瘝在抱之意乃精研古今名家著述遇有患者無貧富必悉心診治即值疾不能書猶爲口授立方無厭倦意性剛方耿介內行修飭庭無間言值母疾默禱願減己算益親年侍湯藥

不解帶者月餘生平辭受取予一介不苟嘗訓其子曰行己有恥及儉以養廉二語宜終身以之光緒五年邑初建學宮公與倡捐諸人經營監理秩序井然邑中向無義倉邑令奉檄飭屬積穀各社觀望公獨首捐若干石仿古社倉法春貸秋收推陳易新行之數年衆稱便而積益富值歲饑邀里之多粟者合設粥廠俾貧接濟所全甚衆庚子之變練餉無出當事移學欵以濟事後無著縣責諸紳捐復或議此巨欵須衆舉之公乃獨力勉措未嘗累里党公著述默不示人嘗仿古人家訓作是早有家訓一堂藏於家光緒末葉邑令聘修鄉土志筆頗謹嚴宣統初元特頒恩詔令州縣各選孝廉方正謂之制科公爲邑令及

里所推得膺斯選公年六十時五世同堂又因次子晉臣由舉人官禮部郎中誥封資政大夫鄉里榮焉卒年七十有二

梁萬昌字豐年一字餘三法庫人幼而奇異至性過人入塾讀書過目不忘廹於家計乃學商勤敏冠儕輩壯年手刃仇人義俠之名震一時嗣來懷德營商業遂爲懷德人居年餘邑之縉紳莫不投契各商糾葛或鄉閭之紛爭久不解者往往因公數言而猜嫌立釋懷德爲蒙古舊地蒙王聞而慕之委爲本邑東公益地局局長二十餘年輿情頗愜公經商積貲鉅萬而自奉儉約凡所識婚喪醫藥之用則罔不周濟邑中書院學堂鄉團義倉諸善舉皆鼎力贊勷慨捐鉅欵不稍吝公族孫梁中書藹

卿甥孔參議郁吾皆公延師教授底於成者論者咸爲公有知人之鑒云餘見慈善志卒年七十有九

張成邦城南頭道崗人性豪爽疾惡如仇有古俠士風道光初元草萊甫闢萑苻潛滋鄉民自衛時虞渙散咸豐時奉天將軍變公劉諭四民准立團練以衛地方公乃遵諭糾合鄉勇剿匪除暴不遺餘力因而各鄉團練會應之推公爲總會首曾蒙科爾沁博王面諭嘉獎昌圖廳倚爲東鄙干城遠近賴以安堵者數十年雖婦人孺子無不稱之曰張老會總云卒年八十有二

寓賢

樊成齊字濟青直隸樂亭縣人某科舉人懷德文風自先生來

始昌制藝得陸潤生之神髓而啟廸後進則以不悱不啟爲宗故游其門者皆深造自得之才如本邑孫貢三奉化縣趙德軒皆能得先生之傳而傳焉者也及門之盛罕與比倫光緒初年應吉林長春縣士紳之聘主長春書院講席而先生之教遂自西而東卒於長春書院時年六十各縣弟子聞訃贈賻甚鉅云

死事

唐玉和初名泰字際三初爲民壯班因事幾陷於法賴集亭張公力救始免於難後充補盜營兵光緒十五年蒙賀公派帶練勇因捐助賑粮出力蒙軍憲定給七品頂戴十七年帶隊防禦朝陽坡教匪出力蒙賀縣尊禀請督憲欲賞給六品頂戴十九

年十二月間蒙傅縣尊禀准署理捕盜營外委帶馬兵三十六名駐楊家大城子二十一年因日人犯順蒙傅縣尊派與欽差大臣宋購送硝磺火葯二月初抵錦州防所當蒙大臣賞給五品銜扎是年四月因捕獲巨盜曹二繚脚子蒙傅縣尊禀准賞給五品頂戴二十二年冬因督憲依裁撤捕盜營以致賦閑二十三年陳縣尊創立練營派公爲統練二十四年蒙于縣尊派充團練總局練長二十五年秋因迭獲巨盜蔣永亭等蒙督憲增准以儘先把總存記十二月蒙高縣尊拔充團練總局統練節制馬步各團禀請立案是年及二十七年共擒著名匪多名蒙縣尊禀准以千總儘先補用並加四品頂戴三十一年督率

警察各隊拿獲著名巨匪盜四十餘名蒙廖縣尊禀准免補千總以守僃備儘先補用加遊擊銜三十二年七月間因盜犯大洛疙疸等久未就獲奉張軍門令調往勦賊於七月十九日在奉化縣之岡岡屯劉姓家與賊接仗槍子中腦後三日歿時年五十一歲也團練向無逾界勦賊者公之遇害隣境或爲公惜然事聞於省督憲趙次帥即錫以忠勇可風之扁額以旌其門公可謂得死所矣又何憾焉公雖讀書無多性甚機警與賊大小數十戰少有敗且勇於擊賊而嚴以御卒較夫假名討賊而慣於擾民豈可道里計哉後入本邑死事祠鄉土志

列女

儒童王殿佐妻趙氏于歸三年夫病故氏時年二十四矢志守節孝順翁姑教子有方迨至五十一歲請准建坊

吳德明妻佟氏于歸時氏年十四夫亡時氏年二十三生一子自夫故後奉霜姑撫孤子以爲已任守節自甘失志靡他躬親紡織親操井血迨孀姑病故代夫喪葬盡哀盡禮持家勤儉教子成人氏病故時年六十三請准入祠建坊

高明泰妻姜氏年十七于歸事翁事夫克盡婦道夫病故時氏年二十七生有三子家貧子幼失志守節躬勤紡級日無暇晷迨翁身故喪葬竭盡禮節衣皆襤縷食悉粗糲人所不能堪者氏獨處之晏如而且教子耕作至於成人力爲婚娶以重宗嗣

厥後家道稍裕皆由氏勤儉教養之功也計守節四十年請准建坊

唐世顯妻張氏十五歲于歸至二十九歲夫病故生一子一女翁姑俱存氏指矢天日願守栢舟之節奉養雙親撫育幼子貧無恆產惟恃紡織以供二老衣食及翁姑歿時喪葬盡禮且教子至和成名誠巾幗之完人也計守節四十五年請准建坊

李桐之妻安氏二十一歲于歸翁姑雖歿事伯叔之父母如己翁姑二十四歲夫病故而氏無所出矢志守節百折不回以夫之胞弟李枝次子爲嗣年方五歲氏殷勤教養至於成立守節三十八年請准建坊

周明先之妻陳氏年十九于歸次年夫故夫家母家以氏青年無出均有始易終難之慮而氏矢志靡他散事翁姑以夫胞弟周繼先之男聯甲自襁褓中過繼爲嗣氏鞠養周至愛逾已出守節四十三年請准建坊鄉土志

索禮之妻張氏索坤之妻潘氏姒娣也張氏于歸八年夫歿守節計三十九年索坤之妻潘氏于歸十二年夫歿守節計三十八年一門雙節古所稀也請准建坊

張福修之妻王氏于歸四年二十四歲夫沒守節生有遺腹子名書紳氏鞠養教訓至於成立學校畢業後歷充學警各差計守節四十年民國十六年請褒蒙褒以節勵冰霜匾額

懷德縣志第十卷

古蹟

昔明遠於蕪城而賦昌黎於石鼓而歌少陵於廟柏而詠李華於戰塲而弔是皆睽隔千百年一旦遇其物過其地徘徊流連而不忍舍去而其心之或喜或悲有不能自已者於是發爲詩文以攄其感慨甚矣哉古蹟之動人者深也况乎泰西明哲如達爾文掘地層攷化石以徵人羣之進化者爲尤有益哉懷德古屬荒徼雖無周王謝公之跡而古城古墓亦間或有之特文獻無徵只可寄憑弔不足供攷據也然亦不可以不書述古蹟

古蹟

古城

新集城在秦家屯村東南北長二里東西寬一里六址高二丈餘不等甕門四座城河三道唯西南隅無壕地勢汙下乃城內外水之歸宿四隅倍厚似有角樓西南隅近脊處有古樹一株徑五尺餘甲辰被俄人所毀北門東牆有一穴側身可入五六尺遠陡往上灣人莫窮其究竟好事者就穴口葺之以廟香火不絕名之曰大仙堂東門路北亦有一廟稱呼如前亦迷信之俗使然耳城之建置並無隻字可攷以所拾古幣證之多北宋年號稽之史册宋之輸幣於遼最多其爲遼之遺址無疑而蒙古之呼爲高麗城亦誤夫朝鮮與我同文若大工程詎無片石

雙字且唐初已南徙安有宋代之錢耶考遼史地理志本越喜故地聖宗開泰七年以其地鄰高麗置信州彰聖軍全遼志云信州在開原東北三百十里元一統志信州在黃龍府西奉使行程錄云由信州至黃龍府一百三十餘里黃龍府即今農安縣以方向里數度之則新集城即古之信州城也音轉訛耳或謂在開原南者又有謂鳳凰廳者里數不符存以俟考

又一古城在朝陽坡東南公主嶺西北地名小城子寬長亦不及里修在土阜之南坡從南望之城內無餘似此地勢恐難掩其虛實

又一古城在三區鐵路之南寬長不及三百步

又一古城在二區鐵路北寬長各三百步

又一古城在八區名毛家城子城在土阜之巔殊得憑高望下之勢但恐水泉不易耳東西寬半里南北長二百二十弓

柳條邊

此邊乃我國與蒙藩之分界西起北邊外東止松花江初築時沿邊插柳故有柳條之稱康熙三年修築近則柳大數圍而柳條之名亦湮懷德南境悉界此邊西起赫爾蘇門東止伊通河門綿亙百餘里邊南則吉林伊通州界矣

小邊

伊通河門外靠西有小邊壕一道由東南而西北懷長分界在

此人遂謂奉吉兩省之界壕殊不知我國二十餘行省劃疆分治竝無限以壕者此蓋達爾罕王旗與郭爾羅斯公旗之分界我國安官設治仍其界而界焉試觀一邊之隔兩省之分域相錯三百里其理自明

古邊

此邊在四區戥子街西南入境至五區大靑山南入長春界斜亙境内七十餘里凡境内諸屯以邊崗小邊名者均以此細查此邊與柳條邊相表裡起止亦相若又無志乘可稽莫能究其年代惟據昌圖府署内科衙神廟西壁嵌有赤石一片鐫有遼海衛三字可見此衛尙在新邊之北此邊之南或者此邊爲明代

與蒙古之分界敟侯攷

西新邊壕

懷德之招墾也先東而後西道光元年始出縣治左近是謂大荒六年始出七里界荒至愛寶屯等處尤其後者久之民之來者日衆一片荒原刈草牧牛散漫無界址於咸豐初年達爾罕王乃派壯丁掘此邊壕以限之南起哈拉巴喇山南東北止郭爾羅斯蘇公旗界長七十餘里壕東乃懷境之西北界壕西則今雙山縣界

石人

在五區八寶湖屯有石人二石虎二石羊二人高七尺餘傑然

崎立蓋是古墓但無碑記莫知誰何顧用此奚爲者足見文字之不可一日無也今懷長分界即在二人之中昔爲徒具今作界石可謂化無用爲有用獨併塚跡而無之良可慨焉丁仙累累之言勿勞興感矣

石佛

在五區石佛廟中村名以此相傳在河中冲出趺坐高五尺餘惟金面頭顱則眞空矣村人移入廟中塑以泥首而祀之猶有住持焉想佛教以慈悲爲宗肉身且施濟不吝刳此偶像乎世以金石並稱以此觀之石之不金若也遠甚

古榆

第四區大榆樹村後有古榆一株徑六尺餘枝葉繁茂老幹杈枒其西百餘步即北甕圈土阜離五里有泉數眼積水爲潭長三里餘中寬半之内多魚蝦春夏之交蒲葦競綠鷗鳧游泳鳶飛魚躍之機足以游目騁懷惜無荷花點綴耳

又第三區大榆樹村有古榆一株下有一廟爲前任傳令雲颺所修而鄉愚之在樹掛扁向廟焚香者道路相望語云上有好者下必甚焉况此多神之俗乎噫不問蒼生問鬼神從古已然謂之何哉

又第四區佟家屯有古榆一株徑六尺餘形如圓蓋蔭地畝餘數百年物無一枯枝可謂植得其所

又第二區大楡樹村有古楡一株大三圍

又第六區有古楡一株在小孤楡樹廟院内

古川

克爾素河　盛京通志云克爾素河出自吉林西南庫勒訥窩集北流出邊即折而西南其西一源即什喇穆楞河源出古北口五百餘里蒙古克什克騰界内之伯爾克和爾果東流經外口諸蒙古駐牧地北受喀喇穆楞河南合羅哈河又東南至開原西北邊外會克爾素河入邊爲遼河後漢志水經註所言遼源皆指今西北一支其東來之一源則始於通典通典云貞觀二十一年李勣破高麗于南蘇班師至頗利城渡白浪黃巖二

水皆由滕以下尌怪二水狹淺問契丹遼源所在云此二水更行數里合而南流即稱遼水據此則唐時遼水已合東西二源言之殊不知前漢地志已言之矣高句驪縣有南蘇水西北經塞外陳奐水道圖說謂即今之克爾素河按庫勒訥窩集在今西豐西安之間南接長嶺子爲長白山南幹之支脈今昌圖縣志以西安縣之遼河掌轉心湖蝦蟆泉眼爲分源以拉津河爲正源經伊通過克爾素邊門入境復經雙山至遼源縣與西遼水合乃稱大遼河

古衙署

清　儒學衙門詳地理門

捕盜廳即清典史衙門亦詳地理門

古祠

文昌殿　在文廟東大門一門正殿三間正位文昌帝君左右配以朱衣大士魁星之位後殿三間祀文昌三代清光緒五年建

魁星閣　在文昌殿外三層高三丈餘與文昌殿同時建

城隍廟　在城內關帝廟東門二間廟三間寢宮三間有藤製城隍行像清光緒初元建

古題額

文廟題額　在大成殿內有清光緒御筆題斯文在茲四字橫

額宣統踐祚又頒中和位育四字橫額
普濟寺題額　在城內關帝廟有清光緒御筆題澤周渤海四字橫額又有保華正宗橫額清道光乙未年該廟慧白禪師創建時所題
興隆寺題額　在城內財神廟有清光緒辛丑年懷德縣知事范貴良題博施濟衆鎭靜嚴明慈航普濟各橫額
寺內又有惠我歸田四字橫額係該寺監院緒岳於光緒二十三年爲本城曹老善人鳳儀施舍該寺典地價所題者

古譙樓

鐘鼓樓　在城內關帝廟鈎牙鬭角丹碧輝煌爲東三省各寺

譙樓之冠清道光十五年建民國十六年重修

古鰲山

大佛殿鰲山　在城內興隆寺後殿洞壑深幽人物肖妙每入瞻仰覺牛鬼蛇神栩栩欲動誠懷德之一奇觀也清道光十七年造

古墓

公主陵　在城南南滿鐵路三站之北名公主嶺者以此墓在嶺上有饗堂一間周墓之地爲祭田主祭者係蒙古人鮑姓但公主之歷史不可攷矣

蒙古墳　在城南黑山咀子不知何許人俗謂之蒙古坟也

懷德縣志第十一卷

禮俗

五帝不襲禮三王不沿樂此因時而異者也百里不同風千里不同俗此因地而異者也懷德古係遐荒本非王化所及地屬內蒙原爲游牧之區一言禮俗亦未開化之禮俗耳洎開墾以來五方雜處習慣紛如設治而後士人知禮俗亦漸歸一致不異內地禮失幸於野之求俗美若化行之效後有輶軒采風者觀此篇作陳民詩可也述禮俗

民風

懷德縣鄉土志云本境爲宜農之地民皆勤於稼穡樸實耐勞

無游惰奢侈之風婦女性情溫和不淫僻勤操作

自前清變法而後民國成立以來士騖新學知進取農重副産重積蓄商增知識工懋遷工謀改良精製造雖人心隨世運爲轉移亦猛省由激刺而增進也

婚娶

婚禮多沿古制初議婚媒氏執兩家庚帖互易之各倩星士推卜命造即古問名之禮俗曰合婚既定男家以簪珥布帛納之女家即古納采之禮俗曰過小禮婚期前復以衣飾布帛酒米等物與龍鳳簡書男女年庚及婚期趨避納之女家即古納幣請期之禮俗曰過大禮婚期前一日婚男祭祖禮畢乘馬導前

車驕繼後鼓樂喧闐招搖過市遇戚友家則拜之謂之拜庄至女家行親迎禮謂之走轎男至女家暫不下車由女家選同輩年幼者捧盤置酒三杯迎婚男然後下車至女家祖龕前行四拜禮女家宴饗如儀次日黎明女家衣嫁女以紅衣謂拉草衣令同輩年長者捧以入轎名曰抱轎至家婚男先入轎繼進至中庭令老嫗以火盆送轎内繼令二童女以粳米貯錫壺内二以紅布罩之遞於女手名曰遞保平壺蓋取保佑平安之意先置供棹於庭中名曰天地棹棹置斗一秤一天地牌一家長焚天地牌行禮畢然後令婦女摻女下轎行於紅毡之上至天地棹前行禮近則夫婦同拜者居多昔多女立男跪謂之拜天地

金復州人向南拜俗謂拜南天門直隸山東人向北拜俗謂拜北斗除夕祭神亦然闔置馬鞍至閾婿去新婦頭上紅巾納於懷踰鞍入室新婦抱寶平壺向吉方坐謂之坐帳婦家肆筵欵婿謂之館飯蓋取館甥意女家親屬姆媵相送者午筵後始返新婦乃下帳見戚友以獻葉菸爲敬謂之粧菸既夕夫婦對坐而飲即古合巹禮質明見翁姑謁祖禰以次拜宗族戚鄙謂之分大小七日婿攜婦往拜婦父母謂之回門自民國成立改行文明結婚雖學歐洲各國婚儀而鄭重將事情文兼至有足多者然惟士紳之家行之餘仍舊習議婚不重門楣注意星卜從前富家子弟有早婚之害晚近亦不多見普通以大布四疋銀

十六兩猪二口酒二罇成衣二件首飾數事手鐲一付耳環一付爲聘禮惟家無恆產獨立謀生稍有積蓄即欲成室者議婚時於普通聘禮外每有多加聘金若干是即所謂買賣婚也婚姻而論財文中子目爲夷虜之道意者懷德地係蒙荒沿蒙古之陋俗歟將來教育普及習慣改良此等陋習亦必有革除之一日也

喪葬

喪制亦沿古禮化者初終小殮於牀喪主於庭中指望西南而號曰向西南大路行俗謂指明路亦云止路即古皋復之意或謂生佛之印度在我國西南向西南者魂歸極樂國也或謂酆

都爲地下之京師四川酆都方位在中國西南人死以酆都爲歸宿故而西南行也要皆附會之辭總不若謂止路者冀其復生謂指路者痛其不返且望其有所歸之爲得爲人子者之心理也反哭於室男截髮女去笄爲飯一盂化者前即古設熬之遺意三日具棺火殮於堂一切避忌悉憑陰陽家言俗謂陰陽家爲出黑者殮葬成服以喪聞族鄰剪紙懸於門外謂之過頭紙日晡喪家寘楮芻靈鼓樂延方外禮懺將門懸紙捧於草帚上喪主引之繞棺三匝呼上瑤池路亦云上搖錢樹然後齊詣附近祠廟祭奠爲儀嗣將草帚與紙捧上紙車以火焚之親賓各以紙箔爲賻謂之送行既歸喪家具筵酬賓每屆單七皆致

奠焚寘鏹七七而止盖取來復之義也殯期既定通訃遠近親賓致送輓章皆張之喪幕藉爲光寵初殯日曰開弔喪主奉腰經於男首經於女謂之散孝授受皆拜有服者辭次日曰候奠親賓有以豕羊祭者咸於是日敬奠盡祀詩禮之家預延通望於斯日禮祭成主儀遵文公家禮日墓後祖奠親疏以次謂之辭靈翌辰發引遷柩於轝銘旌導前儀仗明器繼之親賓皆步從即古執紼之義喪主持旛行轝前女輿從於後出里喪主稽顙謝賓始退至墓內外五服之親以次拜哭盡哀乃窆其有拘忌風水或未卜佳城及先塋稍遠者殯於土上謂之浮曆百日設奠焚寘鏹即古虞祭之禮大小祥皆奠三年亦奠謂之週年

祭既禫除服歲時拜掃如儀

祭祀

除夕祀祖稱設神龕或木主或家譜以紙爲之以次書祖稱之諱故名非撰之譜書也祭用蔬羞饅首爐食各品金復州人尚有往祖塋請神之儀至正月初二日焚寘鏹送神亦有至初五日或十五日送神者此祭先禮也

夏歷十二月三十日設神位奉群神碼子於斗上饅首供飯菜或豕頭全鷄爲祭品謂之供大紙除夕陳於中庭焚群神碼子迎接財喜神謂之接神此祀天禮也

四民崇信神教報德祈福皆鄭重將事祀關聖財神最多觀世音

菩薩次之至於皂君則家家祀之謂之一家之主此群祀禮也

若夫謂狐爲胡仙黃鼠郎爲黃仙則又近於淫祀矣

歲事

夏歷正月元旦人家陳几於庭名曰天地棹列香燭供品至初六日始撤從前至元宵節後始撤四民休息盛饌互相往來賀歲曰拜年

五日俗謂之破五不宜出行

六日黎明商家開市

十五日爲上元節自十四日起至十六日止俗謂燈節以家家懸燈故名放烟火食湯圓曰元宵且有舞龍燈唱秧歌以資娛

樂者
二十五日以灰於天井中作圓形曰天倉又名龍鳳日
二月二日爲中和節俗謂龍抬頭
二月初吉農家以酒食饗鄰及農傭曰吃犒勞
清明掃墓焚楮帛
三月三日瞽者於是日醵飲俗謂瞎子會
四月十八日碧霞之君廟會俗謂香火會常於是日演劇
二十八日葯王會葯商於是日醵飲
五月五日爲端陽節折柳插門飲雄黃酒食角黍小兒佩五色線及麻帚藉以祓除毒癘

十三日關帝廟會又以是日爲雨節俗云大旱不過五月十三頗驗

六月六日祭虫王

七月七日乞巧節俗謂牛郎與織女其相會之期

十五日爲中元節祭墓夜放路燈稱爲鬼節

八月十五日爲中秋節夜陳瓜果拜月食月餅

九月九日重陽登高

十月一日俗亦稱鬼節祭墓焚楮帛謂之送寒衣曩昔每歲清明與七月十五日暨是日均屬城隍出巡之期今廢

十二月八日謂之臘八以雜粮爲粥曰臘八粥

二十三日陳芻黍麥飴祭皂以秫稭製馬鷄犬等物同舊皂像焚之俗稱皂神於是夕昇天報告人間善惡故奉祀甚虔食飴曰皂糖

三十日掃舍宇貼春聯祀神祭祖盛酒食卑幼謁賀尊長謂之辭歲

懷德縣志第十二卷

物產

管子曰本富爲上末富次之太史公序貨殖列傳云其次利道之其次教誨之其次整齊之泰西恆言疆場之役十戰九敗不足慮也物力虛耗國產微薄則一國之元氣削焉大命傾焉斯皆競競以殖產爲急務者也我國土地之膏腴物產之豐富甲於全球而國勢竟不列强若豈地之愛寶歟抑亦通國上下不能幷力一心以期繁殖耳世有研究土宜提倡方物者乎吾竊心焉慕之述物產

農產

蜀黍　古謂之蘆黍今俗呼爲高粱陶宏景本草云種始自蜀故名有秫穤紅黄各種俗爲黄者爲米高粱紅者爲料高粱爲本邑農產大宗人民常食之品其糠飼豕最宜其稭根均爲燃料漚爲粉可以漿布和麯可釀酒名曰火酒以其遇火即燃也

黏蜀黍　即蜀黍之穤性者俗呼黏高粱又一種笤帚黍俗呼笤帚糜子穗長可爲帚

玉蜀黍　俗呼包米有黄白各種嫩者煮食最佳熟者漚粉可以漿衣碾碎可以煮粥色白者攙入麥粉中人莫能辨亦可和麯釀酒

黍　說文黍以大暑而種故名有二種黏者爲秫今俗呼紅黏

穀米名小黃米不黏者爲黍亦名黍穄今俗呼散糜子米名穄子米

稷　說文注關中謂之糜楚人謂之稷有黃黑各種今俗呼糜子米名黃米或曰大黃米

稻　昔無種比者近始有用高麗人試種於附近遼河一帶亦有獲利者

穀　古謂之粟今俗呼穀子種類甚繁米名小米亦爲人民常食之品其米桿俗呼穀草爲飼牛馬騾驢食料之大宗

粳　稻之陸種者有潔白紅道各種

稗　窪地種之禾桿俗呼稗草可用以葺房米亦可食以之飼

畜者居多

小麥　春種者爲春麥有火洋二種可爲面粉其皮俗呼稃子用以飼畜本境甚寒秋麥不宜

蕎麥　每際春旱不能及時播穀者始種此晚田也

西番穀　可作餳

蘇子　有赤白二種可榨油加入土子用火煉之即成桐油

脂麻　俗呼芝麻油名香油

莔麻　俗呼大麻子油可作燭

火麻　俗呼小麻子榨油名麻油皮漚爲麻名線麻

大豆　古謂之菽分黄白青褐黑諸色黄色爲上品俗呼小

金黃白色次靑褐黑色又次之爲本境農產大宗輸出品亦占鉅額

小豆　分白紅黎各色可爲粉俗呼粉條子又爲酒麯原料

黑豆　可入葯

綠豆　性能解毒可爲糕亦可爲粉

豌豆　分大小二種

豇豆　有紅白二種

茶豆　有早晚各種

刀豆　形略似刀故名

雲豆　種來自雲南故名

菜蔬

韭 早春之美蔬也花可作菹俗呼韭菜花入葯曰韭菜子

葱 分春秋二種春發者名羊角葱秋種者曰白露葱根鬚均可入葯

芹 有水旱二種

菘 俗呼白菜種類甚多近有疙疸白其種來自外洋故名亦呼洋白菜

蒜 有紫皮紅皮白皮三種又有小蒜生田野間俗呼小根菜本草名薤

芥 種類不一爲菹之原料入藥曰白芥子

菠薐菜　唐時尼波羅國所獻俗呼菠菜春秋皆可植

芫荽　一名胡荽俗呼香菜

萵苣　俗呼生菜

蘿蔔　爾雅曰葖蘆有青紅紫各種入藥名萊菔子

胡蘿蔔　以元時入中國故名

水蘿蔔　分紅白二種

茴香　有大小二種皆可入藥

山葯　即薯蕷唐避代宗諱故改爲山葯可入葯子生葉間

俗呼山葯豆

馬鈴薯　俗呼土豆有紅白黄各種爲農家冬季常食之品

茄　有紫白二種與直隸產不同者長而不圓也

秦艽　分長圓二種

榛蘑　菌類生榛科下

楡蘑　亦菌類生楡樹下

柳蘑　亦菌類生柳樹下

灰菜　有毒可飼豕

地膚　爾雅謂之王蔧今俗呼掃帚菜以成熟時農家用以爲帚也入藥名地膚子

苦蕒　月令苦菜秀即此俗呼曲馬菜

瓜蓏

西瓜 種類不一種此者山東人爲優

香瓜 亦名甜瓜種類最多其蒂入葯曰苦丁香

倭瓜 種出自倭故名

打瓜 形似西瓜而味酸子多專取之名瓜子

王瓜 俗呼黄瓜有水旱二種水種非老圃不易植

角瓜 亦名欖瓜

西壺盧 似角瓜而小亦名白瓜

越瓜 種來自越一名莒瓜

瓠 正字通云瓜類也今以長者名瓠子圓者名壺盧細腰者爲藥壺盧俗呼壓壺盧小而扁者爲油壺盧可

備器用

花果

芍　藥　一名婪尾春以其殿春而開也有赤白二色並入藥

金錢子　一名草長春

海棠花　有秋海棠洋海棠各種

鳳仙花　性能透骨閨中常用以染指故俗呼名指甲花季季草有紫紅粉白各色有一種莖横生名串地龍又有一種花開莖頂名佛頂珠皆爲上品

鷄冠花　形如鷄冠有紅紫黄白各色有一種莖短者名壽星鷄冠又有一種穗尖而長者名野鷄冠子入葯名青

牽牛花　蔓生花色不一俗呼喇叭花子即葯中之二丑粒子

玉簪花　俗呼玉簪棒

葵　花　種類不一花隨日轉者名向日蓮

捲丹花　俗呼捲珠蓮根同百合

萱草花　詩謂之萲俗呼黄花菜

蓼　花　爾雅謂蘠俗呼了棹花

石竹花　俗呼石竹子子入葯名瞿麥

繡球花　有陰陽二種

江西腊　種來自江西故名花如菊色不一

菊花　種類甚繁

玫瑰花　俗呼刺梅玫瑰露酒即以此釀之者

丁香花　有紫白二種

月季花　近今有洋月季花其花較中産爲大

迎春花　迎春而開故名

石留花　結實者名果石榴不結實者名花石榴

西番蓮　來自西番故名種類不一

凍青　即草豆蔻之苗也

金絲荷　亦名金絲荷葉

串枝蓮　蔓生一名牽枝牡丹

曼陀羅　俗呼爬山虎

節節高　俗呼步步登高

洋石竹　花色不一

薄荷梅　葉如薄荷故名

榛　子　實小仁亦不香

杏　實小味酸者居多

李　實小

桃　有毛桃柳桃二種近年農業試驗塲由北平購得水蜜桃一種植於塲內土質氣候均尚適宜現在僅高三尺餘

櫻桃　爾雅曰楔荆

梨　種類不一味不美

葡萄　有紫碧圓長各種

草木

綫麻　繩之原料

大麻　俗呼大麻子可榨油

芸草　俗呼香草

菸草　本屬產者無上品以菸管吸之可以消食禦寒

馬藺　俗呼馬蘭

茨　一名蒺蔾

蓑衣草　詩謂之臺葉似三稜根名香附子

葦　一名葭又一名蘆

水稗　俗呼水稗草

章茅　俗呼小葉章可苫屋

香蒲　俗呼蒲棒茸入葯名蒲黃亦可爲枕褥又一種名臭蒲即菖蒲也

艾　俗呼艾蒿有二種圓葉者爲艾蒿長葉者爲水蒿

蓬草　俗呼蓬顆

兀刺草　冬時農人用墊兀刺故名

藍草　一名靛可爲染料係本屬特產自德國靛油入境種

之日鮮以我國固有之特產不敵外洋之贋貨人實爲之謂之何哉

老少年　俗呼老來變

榆　詩謂之樞有花榆山榆各種

楊　有青白二色

柳　有何柳檉柳垂楊柳各種

桑樹　民國十六年由北平移植農試驗塲土質氣候均屬通宜高四尺許枝尚不多

桃(水密)　民國十六年由北平移植農試驗塲土質氣候均屬適宜高三尺餘

胡桃　民國十七年由北平移植農試驗塲土質氣候均屬
適宜高五尺
槐樹　民國十六年由蓋平移植農試驗塲土質氣候均屬
適宜高三尺餘
青桐　民國十五年由蓋平移植農試驗塲土質氣候均屬
適宜高五尺
落葉松　民國十七年由北平移植農試驗塲土質氣候均屬
適宜高寸餘
平楊柳　民國十七年由北平移植農試驗塲土質氣候均屬
適宜高寸餘

梓樹　民國十五年由北平移植農試驗塲土質氣候均屬適宜高三尺餘

漆樹　民國十五年由北平移植農試驗塲土質氣候均屬適宜高寸餘

柞　俗呼波羅烘

荆條　一名楚可做筐筥

藥材

地丁　紫花者入葯

茵陳　即萬年蒿茅語云三月茵陳四月蒿即謂此也

馬勃　韓昌黎文牛溲馬勃即指此作刀傷葯良

兎絲子　爾雅謂之唐蒙

靑蒿　俗呼萬年蒿

牽牛　俗呼黑丑白丑

蒺蔾　別名秦尖

麻黃　別名中黃節士

地膚子　即掃帚菜子

車前子　詩謂之芣苢俗呼車輪菜

防風　別名曲方氏

蒲公英　花有黃白二色

鳳仙　俗呼指甲草

蠡實　即藺子

茄花　根名茄根

萊菔　即蘿蔔子

薤白　俗呼小根菜子

苦丁香　即瓜蒂

百合　別名蒜腦薯

益母草　詩謂之蓷亦名坤草

艾蒿　爾雅謂之冰臺

香附　即蓑衣草根

蒲黃　即香蒲茸

芍藥　有赤白二種

黃芩　別名苦杜郵

瞿麥　即石竹子

秦艽　即辣艽

茴香　有大小二種

牛黃　別名丑寶

薄荷　別名水喉尉

朴消　別名太清尊者

夜明砂　即蝙蝠糞

土大黃　俗呼陽鐵葉

力草　俗呼甜草

貫舫　俗呼老貫舫作酒葯用可治腿疾

無名異　俗呼土子

禽獸

鷄　本草遼有食鷄角鷄二種食鷄即今家畜可食之鷄角即鬬鷄鮮有畜之者又有毛之反生者名翻毛鷄烏骨者名烏骨鷄可療疾

鴨　古謂之鶩

鵝　爾雅謂之舒雁其氄可爲褥

雀　一名家雀俗呼老家賊

鶉　俗謂鵪鶉性善鬭每至冬季分有畜之者

燕　古謂之元鳥善構巢者俗名巧燕不善構巢者俗名拙燕又名青燕子

慈烏　色黑反哺孝鳥也

鴉　似慈烏而小有白腹毛俗呼山老鸛廣鴉純黑反哺者謂之烏小而腹下白不反哺者謂之鴉

沙鷄　俗呼沙半斤

鵲　俗呼喜鵲

鐵雀　爪堅如鐵故名

鵓鴿　俗呼怖鴿

蝙蝠　爾雅謂之服翼糞入葯名夜明砂俗呼謂鼠食鹽即化爲蝙蝠

布穀　詩之鳲鳩在桑即此俗呼臭穀穀此鳥鳴農家始播穀小者名班鳩

黄鶯　一名黄鸝俗呼黄雀

蘇雀　喜食蘇子故名冬時兒童常置罔取之

鷹　種類甚多古以出遼東者爲上鷙鳥也俗呼老鵰子

鴟鴞　一名梟食母不孝鳥也俗呼貓頭又名夜貓子語云夜貓子進宅無事不來意謂此鳥入家主有不詳事故人感惡之

鳶　鴟類亦食母俗呼鷂鷹

魚鷹　俗呼鈎魚郎子

鷗　詩謂之鷖

鵠　俗呼天鵝

野鴨　爾雅疏野曰鳧家曰鴨

鸛　俗呼水老鸛

鴻雁　古謂之陽鳥失偶者不再配義鳥也

鴽　月令田鼠化爲鴽即此鵪之無班者也俗呼黃鵪

鶬　一名鶬鷇似鵝而大

百舌　月令反舌無聲即此俗呼百舌淮南子註百舌鳥能

易其舌效百鳥之聲故名百舌

靛雀　俗呼藍靛顏又一種名靛缸又有紅顏紅馬料各種

蠟嘴　似瓦雀而大又有鐵嘴錫嘴各種

黃肚雀　俗呼黃肚

窠卵　以百舌而小亦善鳴

馬　後漢書扶餘出名馬

驢　以山西產者爲最

騾　說文驘驢父馬母

牛　禮曰大武五代史如貞地多牟

美利濃堅羊　本邑向無此種民國十七年夏由洮昌道尹試

羊　驗場購來現畜於試驗場每年生子一次繁殖較易
禮曰柔毛小者爲羔

豕　禮曰剛鬣俗呼爲猪周禮職方氏幽州其畜宜四擾
謂馬牛羊豕也

犬　禮曰羹獻俗呼爲狗禮疏大者爲犬小者爲狗通攷
女直地多良犬又一種身小畜於室內者古謂之猧
俗呼哈吧狗又有毛長者名獅子吧

狸　一名野猫

貉　性嗜睡俗呼癩貉子

猫　一名烏員陸佃曰鼠善害田猫能捕鼠故字從苗又

曰猫睛子午卯酉一條線寅申巳亥如滿月辰戌丑未如棗核鼻端常冷惟夏至一日暖陰類也

狐

說文妖獸也種類不一俗以色紅者謂之火狐狸色不紅者謂之草狐狸

狼

爾雅狼牡貛牝狼月令謂之豺又有一種前足短爲狽狼中之最陰鷙者也

鼠

種類甚多近世鼠疫即其傳染者故必多畜猫除之

兎

禮曰明視王充論衡兎舐毫而孕及其生子從口而去家畜者有黑白二種野產者俗呼山跳或曰山貓

貛

一名牧狼皮爲褥能治痔

鼬鼠　俗呼黃鼠狼亦曰黃皮子又名騷鼠其皮可以做帽其尾毫可以製筆

田鼠　種類不一小而短尾者俗呼小老鼠狀是兎大者名鼫鼠詩謂之碩鼠俗呼豆楚子亦曰大眼賊

鱗介

鯉　神農書曰鯉爲魚王

鯽　本草形鯉而脊隆故又名鰿

鮎魚　生流水者色多靑白生止水者色多靑黃

䲡　俗呼泥鰍

蛙　本草似蝦蟆而背靑綠色大嘴細腹俗呼靑蛙

一種黑色腹大身有疿磊即蟾蜍俗呼癩蛤蟆五月五日取之吞以墨名蛤蟆墨治癰疽又一種腹紅色俗呼蛤什蟆

鼈　俗名老團甲入葯名鼈甲

昆蟲

蜂　有馬蜂土蜂蜜蜂各種

蟋蟀　風俗通促織鳴懶婦驚即此性善鬥俗呼趨趨

蜨　一名蝴蝶又名蛺蝶種類甚多

蚱蜢　蝗類俗呼螞蚱

蜻蜓　爾種謂之負勞

蛾　種類不一

蠅　善傳疫

蚊　爾雅種翼蚊者惡水中孑孓所化噆人肌膚其聲如雷

蟑蜋　俗呼老蟑

肥虫　一名負蠜俗呼臭虫

阜螽　長股善躍

蟻　種類不一

蜘蛛　種類不一於屋角布網者俗呼癩蛛地中布網者俗呼土蛛於草上布網者俗呼草蛛棲壁間者名壁錢以其窠如錢之圓也俗呼七星蛛以其腹下有七白

點也置疔上能浚疔毒死而置之水中復活小者名蟢子俗呼蟢蛛以著人衣服主有喜事也

螻蛄 入葯名土狗俗呼拉拉蛄

蚯蚓 入葯名地龍俗呼曲蟮

蟯螂 爾種謂之吉羌啖糞虫也俗呼矢科螂

蝥 害稼虫也種類不一入葯名者班蝥

馬蝗 入葯名水蛭俗呼馬提

馬蠙 俗呼錢串子

百足虫 俗呼毛毛虫

蜈蚣 背光黑綠色足赤腹黃被其螫者以蒜塗之

蜒蚰　似蜈蚣而細小赤色亦螫人

鑛產

青石　產東南小山

紅石　產城東南白龍駒山

番鹻　產城西南城鍋甸子

焰硝　產城西秦家屯

懷德縣志第十三卷

慈善

芸芸衆生憂樂至不一也或以秉賦不均而形分定缺或以常變殊勢而境有順逆此人群中所以安樂者少而疾苦者衆也使國家無慈善之政社會無好施之家爲之補救則疲癃殘疾與夫顛連無告者皆呻吟展轉於溝壑矣夫民胞物與之懷博施濟衆之美書之史册歷歷可考本邑昔爲榛莽墾殖甫滿百年慈善事業固多闕略然積修之士好善之家爲社會造幸福爲桑梓溥樂利者亦大有人在茲編摘要書之著已往即勵來茲也述慈善

教養工廠　在後街路北係典史公署舊址民國七年改建廠分二科曰柳灌科曰織席科廠長一書記一看役四常年經費四千七百元由地方公欵項下開銷旋以欵絀停辦民國十五年秋趙令條舉清鄉治本辦法議辦教養工廠經擬章程呈奉核准然亦艱於欵項未果十七年吳令議以地方欵節餘提撥基金二萬元并編製常年預算書呈奉　省憲核准未及實行調任去是年冬縣長李公以該廠爲急務遂議以縣立第八初級小學校之南爲工廠地基遴選邑紳于漢清從事籌備現已將建築所需之工料核實估妥造具預算書呈明　省府不日即將建修顧劃撥之欵悉爲紙幣現值鏍法日非底欵日縮將

來之支銷能不免拮据哉

畢氏捐米施粥　邑紳清漢教習附生畢文林之祖畢　世居城西畢家窪子于光緒十五年秋因霪雨數旬遼河泛溢爲災爰捐小米五十石於秦家屯設糈鍋以食災黎保全甚衆二十五年經高令瞻陽籌辦積穀獨捐穀五十石爲倡每有攜家遠徙或貧民乞丐經其門者均行帶入膳房予一餐凡十數年如一日至於建書院修學堂與一切地方公益事無不首先贊助家中食指二百七世居同居人咸謂爲樂善之報云

趙氏捐資興學　邑紳清禮部中舉人趙晉臣之祖母趙劉氏世居城西新集城東於光緒三十二年創辦學校獨捐資千兩

經制軍趙爾巽奏准給予樂善好施字樣准其建坊以爲熱心興學者勸他如光緒十五年之水災二十五年之積穀捐米捐穀數均爲一縣冠其子孝廉方正聲公開設太和典當利息較他當減三分之一戚鄙子弟貧有不能就讀者延師教之成就者衆其孫花翎同知銜晋升及弟晋臣晋勳亦承先志獨出鉅資設立療養嗎啡所延醫捨藥始集桑梓不良子弟戒除嗎啡毒癮復演說開導力行感化教育苦口婆心其來有自

梁氏捐資興學　邑紳花翎三品銜梁豐年居本城後街於清光緒三十二年籌辦學校獨捐資千兩爲之倡經制軍趙公爾巽奏准建坊並給樂善好施匾額民國七年經浙江省長齊耀

珊繕具事實援褒揚條例請褒大總統徐頒給褒章並題義行可風四字匾額旌于門餘見人物志

張氏捐資興學　邑貢生張學貢字　世居城南清光緒三十二年籌辦學校獨力捐銀千兩經制軍趙公爾巽奏准建坊並給樂善好施匾額

劉氏捐資施廟產　邑紳清五品頂戴附生劉海春之祖父曰瑄世居城西小邊村性醇而孝因父病曾前往東岳上香途遇危險卒免於難人咸謂神佑云爰施由八晌於本村建三皇廟招僧主侍以荅神庥

徐氏義學　邑紳知府銜徐仁祥字瑞麟世居城南大榆樹屯

光緒三十四年獨出鉅資於該屯建置學校一所招集本村子弟入學肄業職是該村學齡兒童未有不受教育者經制軍趙公爾巽奏獎封府銜以爲興學皆勸

賑務

懷境地屬王荒向無賑濟之情事自賀令到任連年霪雨爲災光緒十四年尤甚公禀請軍督憲慶於十四年九月十五日由省發到賑銀五百兩及十七年成災亦重又禀請軍督憲裕於十八年二月二十日又發到賑銀五百兩前後二次共領賑銀千兩雖云懷水車薪難果衆腹亦可謂卹民疾苦惠及邊氓無遠弗屆矣

光緒十五年春有奸民以飢荒爲口實煽惑婦孺到處分粮藉以滋事賀公聞報拘而嚴懲幸未釀成事端乃勸令紳商富民捐粮設粥廠以賑之及新穀既登乃罷故年雖饑饉野無餓莩事後稟請軍督憲視捐粮之多寡給六七八品功牌之獎之公之是舉可謂寬猛咸宜矣

懷境向無積穀自高令公於光緒二十五年七月間到任始勸民積穀以備荒年及日俄交鬨積穀幾乎無著幸慕令於光緒三十三年六月接印時值亢旱即認眞調查積穀欠者嚴追以爲出貸之備積谷不致中墮者賴有此耳鄉土志

宣統三年秋霪雨成災嗷鴻遍野次年春三月蕭令招集紳耆

籌議賑務呈請秋冬兩季附加捐賑濟極貧各戶之需併請放借積穀接濟次貧各戶均蒙省憲批准當即擬定章程設立籌荒處遴委士紳籍存剛趙鼎臣爲籌荒處幹事員以專責成嗣蕭令去任田令來懷下車伊始即以籌荒爲目前之急務除所擬條章仍舊照辦外而又悉心籌畫竭力經營分派在事各員一面清理積穀一面調查災區戶分兩等散放錢穀極貧者每人發給賑洋七角次貧者每人放給積谷二斗於五月間散放一次八月間補放一次計前後兩次共放積穀四千三百四十石零九斗四升三合共放小洋一萬四千八百二十七元三角有奇官紳一體極積進行待哺災黎畧沾涓滴至十月間報竣

所有在事出力人員分別請奬茲將賑濟捐欵分別於左

一 附加捐洋一萬一千四百四十九元三角零

一 度支司撥給賑洋二千元

一 罰欵洋共一千三百七十八元零

善局

善局之設重在福利地方兼濟民生凡有公益之事皆應設法爲之提倡懷德昔有牛痘局一所自光緒十四年經賀公塤每見民間嬰兒出花施治多謬以致危亡惻然憂之爰在本城西街設立牛痘局名曰資善堂以拯救嬰孩危險選請善種醫生入局專司其事並曉諭屬界民人均聽赴局引種不取分文自

設局以來民間引種者日見增多所有局中醫生薪水伙食等項僅有入官盜產賭房共變價中錢一千一百吊旋據富民周甸元助中錢五百吊又另有入官賭房兩所售得房價中錢一百五十吊前後所籌各欵共計中錢一千七百五十吊按年一分六厘發商生息每年計得利錢二百八十吊議定章程每年發給薪水中錢一百八十吊伙食中錢七十吊葯資中錢十吊其餘中錢二十吊每年發給該局修補房屋自行經理至民國六年經尹知事以欵絀事廢從而取銷殊可惜也現任邑宰李公以事關民生不容久廢因擬酌撥地方公欵剏設公立嶺施醫院先設內外兩科及產科種痘各門現已擬具意見書呈候

核示矣

醫葯研究會

縣境醫士程度參差藥劑亦多窳劣民國九年醫士劉子峯等爲精研醫葯愼重民命計倡設醫葯研究會凡業醫者率須入會研究限半年畢業及格者給以証書否則勒令改業計會員若干名歲納會費人各奉洋八元作爲本會經費嗣公主嶺一帶醫士以距縣路遠來往多艱請准獨立會所然其研究攷驗名辦法終遜總會近年以來積久漸懈高明醫士恥與衆伍其無學淺者尤多規避益以鐶法日兇會金難籌在會會員月僅廿餘名現邑宰李公以事關民生急宜整頓擬招全境醫士嚴

加攷驗切實研究刻已定期老試矣

懷德縣志第十四卷

藝文志

清續通志云鄭樵志藝文畧有十二類類各分門門各標目自敘以爲經籍之散亡由於編次之無紀斯盖著簫目存亡而非尋章擇句也下至邑乘亦采名宦宿儒文人騷客諸作名曰藝文較之通志誠行潦之與河海矣然昭一邑之文光備將來之攷證亦未必無小補焉懷德地處荒徼開化最晚而間出彥儁立言亦自不朽爰輯吾懷名宿所著詩文著於簫而時人著作采其有關於事實攷證者亦附於簫末藉以存國粹於萬一云述藝文

碑記

御製明倫堂臥碑條約

朝庭建立學校選取生員免其丁粮存以廩膳設學院學道學官以教之各衙門官以禮相待全要養成賢才以供朝庭之用諸生皆當上報國恩下立人品所有教條開列於後

一生員立家父母賢智者子當受教父母愚魯或有非爲者子既讀書明理當再三懇告使父母不陷於危亡

一生員立志當學爲忠臣清官書史所載忠清事蹟務須互相講究凡利國愛民之事更宜留心

一生員居心忠存正直讀書方有實用出仕必作良吏若心術

邪刻讀書必無成就爲官必取禍患行害人之事者往往自殺
其身當宜思省
一生員不可干求官長交結勢要希圖進身若果心善德全上
天之知必加以福
一生員當愛身忍性凡有司官衙門不可輕入即有切己之事
止許家人代告不許干預他人詞訟他人亦不須牽連生員作
証
一爲學當尊敬先生若講說皆須誠心聽受如有明從容再問
勿妄行辨難爲師者亦當盡心教訓勿致怠惰
一軍民一切利病不許生員上書陳言如有一言建白以違制

論黜革治罪

一生員不許糾党多人立盟結社把持官府武斷鄉曲所行文字不許妄行刋刻違者聽提調官治罪

大清乾隆三年歲次戊午夏四月上院穀旦

禁止私立稅局碑（在城內財神廟咸豐元年七月鄂從新等立）

喬向榮 樂亭

蓋聞譏而不征熙朝之盛典廛而不稅治世之良規是以以有局無有司法之通功易事司氏掌之此皆古聖王之德也我朝定鼎以來德者唐虞者邁三代郅治之隆雖漸被暨訖無不共沾深恩綏甸安荒無不威感至德故由中達外莫非聲教聽及之地猗歟休哉何其隆也茲吕圖境內八家子屯自道光元年

蒙恩出墾王荒借地養民彼其時草木暢茂禽獸繁殖寂寞荒涼之景疇不顧却不安哉迨至積年累月比戶蕃庶人民稠蜜鋪舍星陳商賈雲集視昔日之荒阜已改爲當年之盛境矣乃於道光十二年間有昌圖廳濟天家人鄒二勾串差役在八家子屯私立稅局蒙官舞弊張掛稅牌肆行無忌斯時也凡我商民無不啞口無言以任征役之擾攘實屬莫能伊何者幸有德合店財東劉殿侯識破虛僞當即同鄉約初玉珍等赴盛京請示蒙刑部祥大人批左司承天訊斷所有諭令各緣由均載明案牘不復冗叙等因迄今十有餘年無故罔越芽恐歷年久遠湮沒無傳後有不法之徒視爲由藪違諭抗斷再行私立稅局

不惟使劉殿侯等前功盡棄而國家之餘恩亦何能感戴於無涯也哉是以各社商民人等公議勒銘刻碑以荷王道之無党偏並誌成案之有鑒以爲永垂不朽云爾

南三道崗關帝廟碑

金身入夢行參乘於西天碧屋騰祥接法乳於南海心參造化而化成化也無方道合無生以廣生生焉不置眼前皆赤子一身徧大千三千室内即青春奕世消塵刼億萬實爲萬物之父母寧止羣蒙之津梁以故玉闕瓊宫焜耀宇宙香烟楮霧充滿寰區崇奉之隆於斯爲極昌圖廳三道崗舊有三仙娘娘宫殿其由來三十餘年矣初爲草庵後易瓦甓其地則河山營帶嵐

樹參差夕陽笠蓑坐聽樵歌之出沒閒庭杖履細看泉壑之情陰白石峯頭時有幽人吟夜月杏花深處常聞騷客醉芳春洵可適情是爲清景特以歷年滋多舊殿漸圮法像塵滿空歎風雨淒淒虛壁苔生無復榱桷煥煥馬道彌寂寞祇留明月照香燈古壁半凋零惟有松風敲夜磬且也三道崗爲諸會之首領詎可以廟貌之觀瞻不肅而令衆會之談笑者哉是以更新之舉起於道光庚戌兼創伏魔大帝四方之善男信女仁人義士不謀而同咸樂捐資以成重大之工程歸善輸財者何下千萬人矣求木鳩工非一日之經營忽於咸豐甲寅始告成於崇朝吾人瞻拜之下後宮前殿皆煥然一新耳率宮淩霄殿大抵無

過如是夫竊思忠臣孝子猶得口碑墓道以風生前之規範況其三仙關帝胡不鐫珉刹方以表化後之靈應然天無三光而不明碑無鳥篆而不彰維時會首張公成邦等索記文於余余曰噫嘻僕學疏才短倘有負於託豈不遺笑於大方乎竟三辭而不得既而自思曰受諸神之護佑已久矣蒙張公之恩德已深矣當年地僻人稀賊匪蜂起晝則行刼夜則爲盜即五歲之童子七齡之幼女坐不安席寢不成夢大荒之民殆無恆心幸有張公糾合鄉勇以農器而作兵器以農夫而作武夫朝團暮練專膺不法之匪徒故三道崗之居民皆得以享太平耳時值

我

皇上龍牌並將軍大人奕公堂劄遍行天下曉諭四民鄉社井里准立團練會以防不虞倘有賊匪侵入合力擊之云云張公等承牌劄之命會事加修賊匪遠遁路不失遺之教雖無夜不閉戶之風猶存故而秦關以東推爲諸會之盟長雖張公之德行所致實賴諸神之蔭庇者也因而援筆作歌曰雲山蒼蒼江水洋洋鬼神之德山高水長敬修短章永誌不忘

李雲祥

王成玉

整理會事人　　序誌人張天𣶒敬撰

張成邦

劉官

大清咸豐三年

蓋聞爲善降祥惟奉神明而可致施財積福誠建廟宇以能徵道經云種蘭得香種粟得粮是也夫本宮廟宇神像牆衚路山門昔竟備訖只因已逝先師陳公老人德薰有感蒙科爾沁達爾罕王東公益局局員温得王胞弟二品台吉色冷那木級拉忽生虔心偶發善念願將本宮自置生荒熟地其他租項一概施捨以爲神前香資昔兌出者令佃戶與本宮交租自耕種者蒙古永不徵租所施者專爲道衆朝夕持奉香火朔望課誦典四時供献永不缺乏上祝皇清鞏固次祈王爵祿位增崇嗣

裔蕃盛百代潛纓再者年前本宮師徒又將前後大殿明柱格扇重新油畫本年有衆會等恊力領化四方善士信女樂施資財甘捐銀兩成全善功證無上果立石旂竿一對更覺顯助神威以肅觀瞻較比前番整齊多矣如上等因爲一方保障作萬戶津粱士農工商皆賴是而康泰矣於斯見蒙民德莫大矣爲此本宮道衆感施主善行故勒碑彰以其功德云爾特問碑文於予自不揆己才拙學陋作斯鄙文勒於石陽以欣鄉民睹悅多取喆士見哂於此謹題

潛修居士長安子撰文

山左羅順字翔雲書嚕

大清同治九年榴月　　穀旦

關帝廟碑文

蓋聞修功建廟爲出家之首務塑神造像乃學道之始行及乎誦經禮懺悟眞参玄莫不賴於是矣茲者因我先師祖上來下聽張公諱學聖出家於吉林西龍泉山青華宮由嘉慶二十三年自備銀兩親來本境寫得王荒五百七十頃城內舊有土殿前後兩間故以此荒開墾豫作本處香資因已無力不能全開其間有兌與他人者多矣淨剩荒產墾成熟地以爲自用至道光十八年我先師等見廟頹圮不忍坐視將自積銀兩意欲建修恐有不足故立緣簿募化四方善士共助資財重修殿庭新

塑神像後殿塑娘娘聖像三尊前殿塑關聖帝君像一尊左塑藥王聖像一尊右塑龍王聖像一尊羣牆衕路山門悉具又立經箱演門徒習經誦懺朝禮仙眞上報天地君親師之四大重恩下濟地獄餓鬼畜之三塗罪苦道化興行法嗣經修香火綿遠所有窪荒不能開地者留作牧廠預自利而利人也凡有熟地生荒不可出兌貽作本宮費用後有承繼焚修者宜謹遵太上清規不得葷酒壞教敗宗切毋雜入行教不可信投旁門欲後有憑今故勒碑以誌之而永垂不朽矣

大清同治九年榴月立

懷德縣署問心碑光緒三年改建體公署立

知縣 張雲祥

問心無愧古人所難余何敢能以此自命蓋因數十年來遇事則反心自問頗有所得茲値堂成銘以自勉

建修文廟碑

光緒元年五年迭經各大憲奏准昌圖廳改設府治改八家鎮爲懷德縣定文武學額各二名飭建文廟學署以符體制於是我懷德縣尊張公訓導許公實司其事五年春縣學合商興工遴派紳商夫役監工建修遂將所派人等合銜榜示其一切事宜皆聽指授請而後行是舉所需欵項先蒙上憲籌酌撥銀三千七百兩陸續領發嗣後工多欵絀縣尊首倡捐廉是時學署訓導杜公任此集邑紳富共酌捐輸以成斯舉計各饒戶樂捐

未必如量里劑銖兩同均第此欵動用涓滴爲公先後在事各人俱承教來效急公忘私茲追述梗概俾知我懷邑幸賴張杜諸公振興文教公正率下始終妥善以成鉅典而啟懷人且廣恩體育雅意以光國家右文之盛則懷之人躬被其澤永久弗諼工竣勒石計如左

節孝崔孺人碑

竊聞內則之儀莫先於順中壼之德無過於貞觀夫竹以節而彌高萱以無憂而益茂益信福祿常宜於後聲名早炳於人先也如

欽旌節孝張母崔太孺人有足述焉　太孺人者例貢生崔公

學孔之女張公麟閣之原配也德懋珩璜肅靜嫻於誠職優紃紝纂組精其女工斯爲秀毓名門可卜配逢嘉耦年二十一于歸張公桓車對挽萊畚同操上而盡滫瀡之誠內而爲藁砧之助無殊饁野之賓共羡持門之婦不意鸞辭鏡影誰憐宛顧中宵鶴別琴聲未可捐軀長夜　太孺人則一心飲檗十指捋茶堂上之白頭待養膝前之黃口終虛族人議以堂叔弟墨林之子名維藩爲嗣　太孺人撫螟蛉如已去俾燕翼之永綿誦明訓於大家紹義方於陶母列經四壁頎杼一鐙紡織不休咿唔相應體向平未竟之心昌延五世補師氏不言之教譽溢三宗川能弓冶相傳簪纓克繼於光緒八

年冬經紳士丁述銘袁學宏陳茳文劉樹楨劉鶴泉宋含章等據實繕呈蒙本懷德縣尊　張公恩准詳請夫是以台憲揚聖善之化

朝廷錫綽楔之榮翰墨表於搢紳之倫芳徽騰於里巷之口迺請恨欲磨笄身將化石之心其亦可以大慰也矣　本儒學舉揚穆行未與郅隆而謬陳詞章敢辭謭陋是爲記並係以銘曰德盛存嗣修行爲整閨闈之美實備於茲惟太孺人身兼有之草難獨活蘭自生香名泐貞石身其康强

吉林長春廳王迎壽撰

馬士麟書

光緒十年五月穀旦建坊

元寶山杜烈婦碑

烈婦者嶽雲公杜信之次女也光緒二年年二十歲適尚修公袁懋之長子相國宜室宜家克執婦道次年夫相國年十八歲從族叔袁子芳肄業七月秒染病在塾嗜學不歸病篤父兄延醫往視皆以爲採薪之憂耳不幸天奪其年竟於八月初六日與世而常辭也乃其衣衾備棺槨車載而家焉婦則悲慟非常一哭一死初八日戌刻背翁姑家人呑葯而殉焉里巷警聞且慟且感以爲綱常在天地巾幗大有美賢也先時鄉約陶鄰右李愼言清等請旌未果嗣因改廳爲縣經衍聖公府齎奏丁述

名奉直大夫魏奉璋金州儒學正堂于鳳池吕圖拔貢生榮文達等據實呈請邑候雲祥張尊照例申詳旋蒙列憲奉准天聽

我

皇上嘉其節烈用振綱常昭旌揚之盛典俾踴躍以建坊

光緒七年恩詔已頒焉今鳩工已竣鄉之人屬予作文以記之

敢實錄

四品封典魏鍾箔篆
本邑文童馬駿聲書

大淸光緒十二年八月穀旦建

無量宮碑文

蓋聞德莫厚於便民功莫大於利衆古人之所謂立公德於不

朽者良有由也兹吾楊大城子無量宮廟舊有粮市一區規模雖簡而爲益良多嗣光緒初年而中廢集市者莫不扼腕撫膺以爲事左而費宂也是以道長樊公字教魁仙號殿臣者無量宮監院人也長存心方便之門且廑念於普利之路不憚其煩請之官府仍復舊市之規領有雙印官斗每斗用只五文糶者四而糴者一一閧之市囂爭一息其義美其法良已於是近者悅遠者以來懷德而頌功者比比然也然有功而不顯其功多沒有德而不彰其德將湮以攷峋嶁勒大禹之功峴山紀羊公之德古人往矣而片石千秋後之視今猶今之視昔昔後賢之興舊章息率千世無以易也爰以勒樊公之功與樊公之德永

垂於不朽云

盧德行撰

薛松軒書

大清光緒十二年十一月十二日

禁革赭衣車費碑文 光緒十八年邑庠生 袁子才

地方之利弊民生之休戚係焉爲民父母者孰不欲除弊以興利而卒能弊絕風清者甚寥寥也蓋弊不一端一時之弊易除多年之弊難除一家之弊易除萬戶之弊難除其弊之隱微不顯而諸弊雜出其中尤未易除吾邑有弊政焉凡招解命盜諸案一切以貲向攤取於出事地方名曰赭衣車費其始不過借

資民力而已繼則積久相沿莫之更議迄今已數十年年矣邊地民風好鬬良莠不齊人命盜刼之案各社皆有攤費之家雖更僕數每解一案民攤百金屢解屢攤一案不了攤派無穷加蠹役惡約訛索多端民不堪命其間之刁猾者圖省攤派小費乞私和地方巨案遂有匿命諱盜之弊而上之拘泥者往往攤之於民則不忍出之於已又不能又有壓案積牘之弊久懸滋遂至百弊叢生而無可補救惟我筱泉賀公深究弊源洞燭弊竇下車伊始即毅然禁革清釐積案百數十起一切費用悉出捐廉不向於小民尤恐年遠變易遂俯從紳耆所請稟准各大憲立案永遠革除舉向之億萬戶痛心疾首積數十年莫能挽

回者塞其源淸其竇俾吾民休焉息焉脫然無累後雖有作弊之人舞弊之心而不得借此以魚肉吾民可謂一弊除而百弊皆除也已夫賀公之善政多矣而獨記此者非畧也除凶暴以安良善遇災歉而施賑濟設書院建義塾凡所以教養吾民皆彰彰在人耳目無待記也惟剔弊於隱微不顯而樂利莫可名言敬勒貞珉粗傳崖畧以示不忘之意云爾

輔翼書院碑記

光緒十八年二月　運同銜懷德縣知縣賀瓆

國家養士於學廸以師儒厚以廩餼考以道藝良德美意燦然備矣而推法外之意使有所居游相觀而善變弃陋以宏通樹閭閻之坊表以仰副聖天子作人之雅化司民者之事也懷德

地處邊荒民多喬野自設縣立學校頑梗斂跡然求其家絃戶誦猶未之逮余下車伊始整飭捕務嚴懲賭盜數年來境頗安謐然法令者制治之具禮義者出政之原使非講學明倫漸以陶淑其性情俗奚以上兄此地秀良子弟多可造就徒以政著無資往往輟業即有志者不爲俗累又多散處鄉僻無所磋磨余於是設義學興書院之舉第需欵甚鉅加以政務倥傯遽難酬願戊子春捐廉設義學一所而書院匾字僅存幾有廢莫能舉之勢復於庚寅夏竭力捐廉首先倡率並請本學訓導曹君勸諭閭邑紳富共襄善舉好義者無不踴躍樂輸數月間已集多欵遂名書院曰輔翼辛卯二月延師開課甄別生童擇其文

行兼優者送院肄業資膏伏課以科舉之學而旁及於經古策論詩賦務今講求學術檢束身心馬天良葆有耻文風日上且與型俗有裨秋間復邀紳耆分投績捐茲已集有成數遂妥擬章程詳請立案以垂久遠特誌其緣起並鐫樂輸姓名於次用昭激勸古不云乎功待人而成顧力如何耳然觀於既成之後未必悉爲之之難也後之官斯土者踵華增美正難頒量而區區爲一言者欲其鑒余與曹君剏始之非易實力舉行無使久而弛焉且質之肄業諸生原自愛以免有文無行之譏則尤余與曹君所殷望也夫

興隆寺梁公豁免田租碑 光緒二十三年十五日 監院緒獄立

孫 獄 金

國家優待沙門俾各府州縣設立叢林廣行慈悲意甚渥也然必好善者倡義於前而名望又足繼之庶一方人民胥仰焉此廟自肇建以來舍饘粥施衣鉢及一切締搆經營衆施主相與有功然求其輕財重義而了無顧惜者則尤莫過我梁公公字豐年花翎三品銜管理公益局事務倜儻生平樂善不倦復慷慨好施而斯廟之功德尤著凡於修造動工事公必集衆會議助成義舉此廟舊有房基三段塾地數叚歷年納租共市錢五十吊有餘及公蒞事親自禀明將此項施舍在廟以爲香資而特恐久而無憑也遂同換大照以爲劵契於是商民無不感焉本街公議會共施錢一千吊整皆公倡爲之力也夫公之功德

其廣如此其名望又赫耀聲明如此而所以惠我沙門者則又本諸心術性情而非弋譽沽名之舉則凡血氣之倫其孰不勉焉樹閭閻之坊表人懷濟世之心印證果於釋迦共切藏修之願則庶幾哉菩提無樹庇蔭彌多慾海有航拯濟者衆其有裨於世道人心也豈鮮淺哉雖然公之功德非其事不傳尤非其人不顯則監院之所關甚重矣當監院執事之始廟中時勢幾不忍言幸賴梁公賙恤而監院又能善擊所施不戾於正故能經營擘畫咸就準繩盖監院之功因梁公而益著實梁公之德賴監院而愈彰微梁公無以成監院之美微監院仍無以遂梁公之心也故具監院之名於梁公之後非敢云媲美梁公也惟

其後之人念毖典型勿敢廢棄撫今追昔不生此疆彼界之思謹小慎微勿忘憂盛危明之懼而監院之功德不泯即梁公之功德常昭即衆商民之功德亦因梁公以並垂不朽也爰乃銘曰惟我公之磊落兮惟自慈祥既施恩於無已兮復錫類之無方其惠我沙門兮德合無疆奚輸將於畢世兮更推解以爲常人情於珮璲之惠兮尚不釋於中暘况此沒齒之難報兮究何日而可忘又曰雲山蒼茫兮江水汪洋惟我之姓氏兮奕葉流芳山之高兮水之長梁公之德不可量

縣立高等小學堂落成記光緒三十二年九月

趙晉升

自庚子以來朝廷變法自强詔停科舉立學堂海內風行漸著

成效而尤注重小學良以普教育端本原胥於是乎在獨我東省以日俄交鬨未遑也乙巳冬貴州廖公宰斯邑會集紳耆議籌欵建學舍鳩工庀材粗具端緒而公遽以升遷去今春榮公重蒞斯土下車伊始即以開辦學堂爲急務惟事屬創舉監需人猥蒙同人等謬以鄙人薦而縣尊遽委以承乏伏念學堂者本國家維新之要政亦桑梓開化之先聲義務攸關奚容諉卸遵於三月二十一日從事經始第以料物難齊夏雨多阻遲至九月始蕆工且欵項無多一切工料均須遷就不惟不敢過事鋪張並不能概求堅緻兼以學堂圖識未經通行規模位置誠恐有不盡愜人意者惟是一磚瓦之微一木石之用未嘗不曲

意經營躬親指授此則私衷差堪自信者耳而或謂以社會公捐之欵供國民公益之需雖繁費庸何傷抑知兵燹頻經閭閻凋敝錙銖悉兆姓之脂膏涓滴亦國家之元氣是以兢兢維持力從撙節較私工爲尤甚而勞與怨所敢辭也伏願諸君子肄業此間者愛公廬如吾廬視衆物若己物所謂普公德結團體者未必不甚乎足若以非我固有即汚穢殘毁之不恤是同色而秦越鄙甚亦褊私甚諸君豈其然乎當此時局艱難需才孔急果能品學兼修賢材輩出則斯堂之設且將與鵝湖鹿洞並垂千古矣而鄙人區區之微勞又奚足云至於德業期諸遠大器識務在宏通勿染浮器勿蹈佻達則又各學堂之要義勿待

鄙人之越俎而陳矣

卡倫屯碑

懷德縣行政公署佈告

爲佈告事前據無量宮監院秦圓林稟稱卡倫地方爲縣城至公主嶺大道原有土橋一座每遇洪潮漲發水平河岸交通隔絕監院體道門慈善之旨情願獨力修建此橋以便行旅當准並分令警團恊力保護茲復據該監院稟稱費欵小洋一千六百八十元工閱五十日業已竣告懇請出示勒碑保護前來本監督查該監院不惜鉅貲不辭勞苦熱心公益殊堪嘉尚爲此佈告該地方紳商士庶極力保護遇有損壞隨時修理保此善舉

此佈

懷德縣知事尹壽松

中華民國七年五月三日胡永堃敬書

懷德縣知事儲公德政碑 民國十一年公民立

趙晉臣

國家設親民之官以衛民而安之也然非有視民如傷者任之則且漠視民瘼而不爲之所衛猶未也安於何有邑候儲公古所謂視民如傷者也已未冬蒞懷德巖邑也下車伊始即詢民疾苦知邑中防不勝防避無可避者惟盜是患乃本辟以止辟之意嚴緝之有所獲立予訊鞫得實則置之法無枉縱計期月中獲盜蓋百數十人云兼之厲行保甲既清盜源復絶盜倀

於是數十年我民所疾首痛心而未嘗一日即安者公竟爲之闢桃源焉然而公且欲然謂政在利民僅去其害未已也遂乃振教育清積案善外交添修工廠繕治道塗創設電話提倡儲蓄凡爲民籌罔弗周至傳曰民可與樂成難與謀始推公之心殆謂職分內事皆性分內事吾實心實政蘄無負乎親民之名義而已難易何知焉公家故望族學有淵源年十八筮仕來奉歷鐵開等五縣推官皆廉能有聲茲故勒石俾邑之人知我公所以痌瘝在抱躋斯民於上理者其來有自　公名鎮字鐵生江蘇宜興人頌曰猗歟我公家聲五鳳一麾柳邊甘棠歌頌公始蒞境境內驛騷鋤粮（稂）鋤莠樂土樂郊虞治朝歌龔治渤海是

慈惠師是神明宰𩔖公久任俗美化成疇其嬔之單父武城

呈文　　孔　憲　熙

呈爲呈請核轉褒揚事竊維任卹睦婣詳於周禮振民育德載於彝經苟能實踐於躬或襄成其事皆有功人心世道可藉以易俗移風茲查有知事外祖梁餘三公現年七十歲係奉天省懷德縣籍當知事年十九時先嚴見背家貧失學公以知事尚堪造就命入塾同兩孫讀衣食書籍皆資之越數年知事童試獲選一應費用公皆優給不稍吝嗣後肄業中校暨應優貢試亦皆由公資助知事以窶人子得通籍筮仕爲國效力雖拔擢出自所事長官而所以能讀書應試實皆受公之賜同時公有

遠族之孫名國祚者幼年失怙公爲之延師讀書供給一切國祚甫入泮而科舉即停公納粟五千金爲捐一科中書俾有進身之階又光緒甲辰懷德興辦學校以無欵不能舉公慨捐二千金助成其事今公年已古稀而慷慨如昔綜觀以上各節教養兼施切韓滉慶門之望本根是庇逾希文贍族之恩至於肇啓宏規佇盼蔚興杞梓慨捐巨欵尤爲蔭溥粉榆值此世風不古之時能爲仗義疎財之舉其行誼實與修正褒揚條例第一條第三第六兩欵相符知事念一已出身之原暨梁公好義之勇且其親屬鄰里之在浙者又能具書證明爲此造具事實凊册並加具證明書連同前項證明書暨應繳註册費銀九元備

文呈請鈞長俯賜察核專案轉咨以奬善人而勵末俗實爲德便謹呈

遼東懷古　　榮文達

幽營半壁劃星躔溟渤行迴日出鮮禹跡有經闢東北舜封無石勒山川島夷猶想名皮地肅慎難尋貢矢年本是强秦威不到謹藏太子助窮燕

其二

雄才漢武拓邊寬汕浿遙書太史官菟郡虛名分四境虎神遺俗紀三朝安邊太守宣威易出塞將軍讓美難莫道度遼征戰苦敢憑劍客靖島丸

其三

石祥延里起陰謀鸞輅旌頭我豈侯五國妄爭遼水長一星遲隕首山秋偏隅坐大如矜豕樸俗難忘是盜牛來去寓賢虛設館一帆仍上海天舟

其四

鹿侯吞雹啟鮮卑封往遼東事亦奇名士眼驚命世器隱流胸有霸王資江南一馬猶修貢山上雙龍詎足師何用夢祥嫌嚙臂有人捫蝨指軍揮

其五

將軍三箭氣飛霜駐蹕山驚草木荒鴨水醋杯澆海表鳳城詩

筆怨遼陽開基鴻範流傳遠物産狠毫文字長但祝惡氛鯨浪息屏藩東道進名香

其六

遼水蒼涼起暮雲遼山木葉悵秋墳秦歌宫諷官家事粱籍亭燔太子文拊背朔方雄五代亡唇南國悔雙分無家恥作西藩客殿瓦醫閭幾夕曛

其七

雄豪起舞酒杯傾金帝詩詞識汴京五色雲中天子氣萬人江上女貞名黄龍最恨書生計白馬猶嚴大子兵莫更冬青尋二帝瞬看五國亦荒城

其八

驅除諸部事如塵失計前朝鑒更眞葉赫間謀餘戰壘松山哀詠屬詩人九邊豻獄長城壞一水鴻溝大厦淪天遺鎬豐佳氣滿葱葱烟樹萬年春

秋柳

津亭極目總銷魂冷落青袍怨白門拖地香塵扶舊夢向人涼露泣新痕啼鴉多近長橋渚歸燕來商夕照村莫過章臺重回首畫樓風雨不堪論

望到關河覺欲霜生增搖落傍蓮塘雖招畫舫歌時酒愁檢深閨嫁日箱十里行宮悲煬帝六橋空水老蘄王秋鶯一叚從頭

語髣髴南朝舊教坊
珍重當時綠汁衣殘膏賸馥是耶非風前漢殿愁烟起笛裏陽
關舊雨稀斜日忽留征馬駐空江猶引塞鴻飛年來敢怨多攀
折但報王孫願莫違
臨風婀娜我猶憐鎖遍長條祗賸烟春夢過殘空荏苒舞腰消
損也纏綿風流張緒誇當日蕭瑟庾郎感暮年一曲豔詞聽不
得秋山眉黛酒樽邊

再叠原韻

一眺高城欲斷魂讀詩吟遍武昌門三春細雨成塵影一夜西
風蘸水痕無復白花迷酒市好教黃葉憶江村燕鶯老去笙簫

歇斜日虹橋忍再論
秋信南來白燕霜淡烟和月墜銀塘逢場詞闌愁催鬢出塞書
成怨啟箱此日流殘洛中水當時曾嫁汝南王白人猶自垂青
眼曾閱繁華碎錦坊
曉風消息怯秋衣領略炎涼往事非淮水月明歌席散灞橋人
遠麴塵稀門前已道藏烏晚陌上誰看去馬飛回首冶春花事
早六朝如夢故情違
天涯憔悴故應憐新水河邊有翠煙秋士風波殊落落故人情
緒尚緜緜曾將張敞爲游侶祇怕王恭負少年忽忽關山吹玉
笛浪游心醉驛亭邊

三疊原韻

躍馬秋衫悵別魂五雲宮闕苑西門酒人再約猶成侶春事重談欲覓痕坐客休歌金縷曲儂家願傍莫愁村文章庾信眞哀豔江北江南不可論

一別金城更幾霜夕陽亭畔是廻塘祇今畫閣疎臨水曾爲油車拂到箱袖底漫翻大垂手樽前怕唱小秦王秣陵花月秋孃感暮雨蕭蕭走馬坊

消夏池塘冷葛衣山川綠酒景初非折枝密意芳菲減翦黛清愁領略稀汴水宮蕪蝴蝶瘦姑蘇臺近鷓鴣飛曉風殘月江南岸一拍檀槽客夢違

鶯歌珠串本相憐遥訪前游已碧烟舊雨綠蕪江漠漠曲欄紅豆思縣縣竹西明月題詩後湖上春風記夢年落葉哀蟬催一閣萍因絮果古愁邊

塞上古城懷古（即新集城見古蹟門）　趙晋臣

建修何日毀何年興廢難憑父老傳杖策登臨尋故事恨無片石紀燕然

其二

艮維王氣鬱山川耶律完顏迭起年此去黃龍百餘里故應鎖鑰重雄邊

其三

臨潢建號衆酋幷百有三城壯翰屏滿萬兵來好破竹千秋遺恨海東靑

其四

故國銷沉故壘荒猶餘殘鏃蝕風霜柳條邊外城相屬强半遼金血戰場

其五

渡海通金約取燕女眞孰與丹賢歲輸金幣知多少黃土猶埋趙宋錢

其六

冷月荒郊走碧憐何人爲弔老胡墳劇憐五國冰霜城二帝猶

羈客死魂

其七

彈丸遼左固金陽金室南遷故末荒一自和林張撻伐邊庭城堡幾滄桑

其八

東盟東部首歸仁公主烏孫誼最親不必受降城更築於今遊牧牛耕屯

流民

歲卯辰間奉直大水西北貧民流徙吉黑境者自冬徂春絡繹於道重繭負担託鉢沿門無病且死者比比也司牧者知之否

耶

有村皆島嶼無地不龍蛇客路三千里沈災十萬家愁牽邊驛

柳淚滅故園花已作吹簫侶敢辭來食嗟

涕泣辭鄉土飢寒耐客途任教門若市忍斬米如珠豈望王孫

報眞成鄭俠圖無知小兒女担負尙胡盧

嗷鴻飛不斷迂路我門過僻壤猶如許衝途更若何脫身皆樂

土容足即行窩誰爲謀生殖揮鋤亦荷戈

甌脫艮維懸何人議墾邊移民方實塞曠土幾成田逃死自遷

地好生惟籲天却因値荒歉荒服萃人烟

秋登塞城

大塊由來一海漚云何鐵甕又金甌臨風漫讀蕪城賦話到滄桑鳥亦愁

荆榛荒處泣銅駝故國河山唤奈何古樹西風秋颯颯城頭猶自戰金戈

樓臺人物一時空滿目簫條夕照中千古金湯餘瓦礫經來秋月復春風

冬夜塞上旅行

策馬邊城道清宵望眼空斗垣低漠北輿地拓遼東門掩荒村月帘飄野店風關山人已老雪迹感飛鴻

寒夜淸高氣都歸客子車樹凋風有韵雲歛月生華積雪迷官

渡殘燈認酒家輸他一枝借同夢穩棲鴉
飽嘗行役苦又作夜征人馬氣蒸銀鐙車燈走碧燐沙凝疑碾
玉地坼屢箝輪愁聽朔風緊搴簾暗沸塵
巖疆三百里日患寇氛侵况屬宵征客能無警備心弓蛇時誤
影風鶴暗聞音叱馭星馳去無言拂雪鐔

憫農行

癸巳夏五霪雨彌月伏陰生寒雹災繼至邑本巖疆盜氛素熾
值此荒歉連歲民何以堪感而賦此
叱犢急春耕畢耕遲膏雨一雨抽勾芒歡聲臚萬戶非種忙爲
鋤節已近端午鳴鳩正喜晴何來商羊舞恰逢甲子辰忽遘雨

師怒倒捲滄海流滂沲灌下土雙丸旋碧空黑雲鎖不吐白晝天無光昏昏歷交五緣溪屋作舟入市人乘艕枯苔既已甦宿莽爲之腐一朝陰霾開白日穿花隖畚鍤易耰鋤補屋兼築堵何期朔風來玄冥揚神武剪取冰洋冰擲空霹飛弩殺草甚霜華良田倏已窳吁嗟我農夫胼胝一何苦水雹重罹災安望多黍稌萑苻日滋蔓虎狼紛余侮飢與盜爲媒邊庭無寧宇搔首問蒼蒼斯民何薄祜

九日飲古城

天風吹處淨無塵霜葉凝黃沐雨新豈謂登山堪避刼清秋臨眺本怡人擬步高蹤太華巔城頭一覽九秋天振衣千仞平生

志纔脫塵埃便欲仙

落霞孤鶩擅詞章故事臨風話馬當願得新詩酬令節樽前分韵賦重陽欲仿龍山醉菊觴蕪城雲樹總蒼涼黃花也怨西風早未到花開已傲霜鐵騎彎弓慣射雕胡天故俗說金遼荒城不是新亭宴莫弔山河負酒瓢

書懷

倦遊重返故園林眼底風雲變古今旅雁驚霜憐鎩羽寒螿弔月抱秋心閒中世事看棋局醉後狂歌拂劍鐔撫罷無弦琴一曲義皇好向枕邊尋

詠史

約金攻遼遼祚絕約元伐金金源滅憑陵華夏幾何年一朝共慶仇恥雪奈何二國既淪胥汴京臨安愈机捏嶽欽終羈五國城罡昺空喋南州血唇之既亡齒亦寒木惟先腐虫乃齧監書誰販釁誰開兩宋外交如一轍嗟嗟花石使者民怨結蟋蟀相公國枋窃碑鐫党人甚漢唐仇視道學甘吳越內政依樣畫胡盧果然家法崇紹述杭州歌舞等汴州臥榻鼾眠初不恤忽然北軍軍臯亭戰和遷守計無出和林王氣鍾中原禍劇完顏與耶律莽莽神州驀陸沈神明胄裔奴胡羯一片乾淨土無存一塊趙家肉已殁空餘著錄諸遺民首陽山下甘薇蕨冬青請句杜宇悲朱鳥歌聲竹石裂君不見累朝邊患胡為烈歷代國交

宋尤失嚮晨鉅萬金幣輸暮已半壁河山割剏當羣雄環伺年爭倡方罫劃分說嗚呼昔日異族今一家金甌無任他族缺

傷亂

一鼓挫强胡尅期蕩羣醜約和縱之歸不殺意何厚何期甫首途沿途肆攻掊外兵倀導前亂党虎躡後烈烈神祝融助虐假其手毒焱村復村黑雲捲黃垢迺敢恣凶殘淫掠及男婦片言或牴牾性命輕芻狗大軍莫之攖居民焉敢守河柳作仙源田禾成逋藪我德愧康成禍恐黃巾受家衆盡嚴裝倉皇駕四牡出門僅里許偵騎抵門首河梁古道邊伏莽滋已久居慮爨蝸廬行虞投虎口所幸衆志堅相期無相負風鶴雖頻驚倚劍叱

馭走暮宿埜故鄉刼燹灼牛斗

避寇

日晡載孥行言投邑中宿道路一何長晷刻一何促驀地銃一鳴心膽爲整肅班馬噤悲嘶種子呑聲哭豈果馬行遲爭如人意速日愁無戈揮地慼無仙縮晩抵戚屬門門前車擊轂入見主人車纍纍載囊篚云欲入城居冀以全骨肉特恐門禁嚴昏暮難剝啄今夕恰逢君暫掃愁千斛明朝歌北風攜手相隨屬曉聞盜入村一夕四家覆擄人如縶四質之以勒贖命駕且登車恨不群醜戮但誓死亦甘那計生爲福冒險亟前行行人效忠告前路禾稼叢隱人影彳亍乃飭我戎裝乃窮我耳目草木

盡疑兵如敵臨背腹賁勇陟東皐主僕力皆勠險要一時過弧矢韜韃箙忽聞前導言有衆伏深谷如賊矚兵然一人居高屋按轡稍稍前乃知我軍伏詢係偵者云胡馬欲東牧附郭卡數重嚴防天驕撲我聞意稍舒庶幾莫予毒

亂定歸里

狼烽千里徹胡邊大有年逢浩劫年亂後人還乾淨土驚餘夢穩小遊仙花開故里天然韵月到華堂分外妍尚望渠魁俘馘後犁庭早著祖生鞭

胡馬長驅已挫鋒伊誰兵械竟潛供鵲巢奪據將軍恨燕社歸飛客子蹤菊酒互中同室慶芸編親啟作年封從來筆陣千人

掃願託吟毫靖塞烽

釣歌

吞鉤魚羨餌垂鈎人羨魚羨魚爲魚美羨餌爲餌腴人物嗜好豈殊途奈何一則悅口一捐軀假物爲餌以餌餌術利用誘智成殊忘已之餌以餌餌明蔽於貪計實疏魚乎魚乎餌原爲爾設爾何爲餌愚置身水國中何地不江湖魚則游沿如游海鈎則守竿如守珠豈如王孫韝鷹牽犬獵平蕪金丸馬上追殺兎與狐爾何不海北游南溟徙搏風直上三千里寧虞龍伯國連鼇施絕技又何不燒雷火躍龍門飛升九五天那怕任公子餌犗投長竿即不然而喫柳花戲蓮葉混沙虫習伏蟄網罟莫之

攖鉤距更何懾惜爾不能爾倏羅恒沙劫吁嗟乎癡龍受豢且防屠名駒就縶爲生芻何况肥甘藏酖毒類因口腹喪頭顱魚乎魚乎見幾不早見利趨朝侑黄公壚暮供郇公厨刀俎皆自取何謂余無辜爾不見王者之師帝者友也曾渭水桐江作釣叟無相尤且自咎

對書歎

書惟英年讀最好而我勤讀愧不早書豈畢生讀能了况我躭讀年已老神衰有典祖皆忘目暗無書字不小釋夙惑若償夙逋得異聞如獲異寶雖非書淫書癖並書癡却似魔障糾纏難禳禱時惹時人笑且嗔何事孜孜尋苦惱把卷縱爲舉子忙公

車豈上長安道我聞此語亦云然結習爭如難自矯如烟如海卷軸多非斗非石才華少歲序千金買不回墨汁五斗飲難飽我願爲邊孝先終日眠收集社庫曹倉鄴候架都貯腹笥無遺編一年七夕一坦曬何須日披錦帙抽牙籤不然化爲白蟫寄縹緗生長書叢書爲糧珍羞天祿石渠品饜飫嫏嬛宛香香食神仙字且仙去豈書生老死牖下所敢望我自癡心挾奢願可能凡骨三生換恒恐夢庚吞篆不世才較他科各富貴天尤靳吁嗟乎世充沈水秦皇燒後世禁燬嚴科條未知家中之書幷中史幾多秘籍埋蓬蒿安得我生三萬六千日將未讀未見之册爲之萬目縱觀萬手鈔庶奇字不更問於揚子而入門不見

阻於崔儦

感事

卅載經營說海防居然戈甲鬩蕭牆稱兵亂豈方安史守土人偏笑許張鄂渚衣冠潛滬漢楚江烽火澈川湘如何半壁南天遠倏作羣雄逐鹿場

黃農帝國五千秋底事興衰判亞歐伺釁人方鼾臥榻操戈敵竟起同舟空聞聖主寬投首寧見將軍誓斷頭爲問濟川誰作楫拍天駭浪正橫流

五州成迹導前塵趨步如何覆轍循川瀆隄防終猛潰龍蛇蟄伏總求伸蘆潛伍相仇尋楚木徙商君治遜秦摧抑民權誰釀

禍漫將黠首誤黃巾
柱石東南重寄膺閫茸才具可能勝夢魂阿堵和嶠癖氣節銷
磨味道棱三窟巖林營狡兎九宵風雨鎩摶鵬笑渠網已吞舟
漏向猶爲白簡登
變通籌備總虛文管蔡由來穢德聞鞠部淸歌娛白雪柏臺直
諫斥朱雲封疆利用仇民吏海陸虛誇愛國軍政治維新人自
舊誰知首禍即元勛
龍興薄海懾天威芒碭雄風竟式微軍典王孫誇宿衛擅登孺
子誤戎機長楊大閱師期阻細柳留屯戰策違尚望長城檀道
濟同袍貞箇賊無衣

讀退政詔有感

一籌誰爲九重紓九鼎輕如一介輸賓客王家眞杞宋倦勤帝位小唐虞宮廷有主權稱制社石何人任託孤玉步已更名祿在果然揖讓勝征誅

客星炯炯斗垣隤退政倉皇詔語哀二百年恩深雨露十三省變迅風雷寬閑天子名虛擁寄寓皇家例特開明遁滇南元朔北名園猶是小蓬萊

依然綸綍九天宣意自悽惶體自尊種族幾曾消滿漢歷年原已邁金元空餘玉牒綿皇祚賴有金錢報國恩最是王風夷邶衛那堪回首望中原

紅果銜來帝祚開闔門潭上白山隈威行雷電興王檄運際風雲佐命材一劍龍顔安漢鼎千金駿骨市燕臺當年豐鎬明良遇漫向穹蒼向劫灰

雜感六首

五州教育日文明尊孔尊經制漸更俎豆官虛秦博士詩書澤斬魯諸生儒宗寧藉廟祠重五道轉因忠孝輕莫更異端攘二氏護持新令出神京

鼎革人才齊楚翹功名拔地倚青宵邦基阢隉支傾厦宦海風雲湧怒潮党派惟知仇蜀洛侵陵那向苻姚勸君細繹同舟義一躍共和莫浪驕

胡馬南來忽抵洮專征上將擁旌旄羽書絡繹邊風緊刁斗森
嚴旅雁高漢塞勛名思衛霍秦關鎖鑰重恬鶩如何三百年綏
服佛子偏揮戒殺刀
搜車索馬一朝訌軍事勾通說日蒙敵國先聲秦俗悍官場故
智宋人讋詰奸寧慮關津阻出境居然斥堠通內政外交究誰
屬桃僵李代太多烘
軍裝蕎地運强藩謬託鎡基備壑屯豈爲龍興資朔漠還教鹿
逐敞中原羯羌割據空紛擾秦楚連衡總幷吞不有邊城良將
在居然揖盜盡開門
飛電傳來密令行楚囚授首夜三更商郊也奮揚鷹勇漢將空

悲走狗烹彭豕論功爭黑白溫犀燭怪洞幽明上書質問渾多事黨議奚煩月旦評

悼花篇

昨朝花盛開色與香俱好今日再看花過盛已漸槁豈眞司花神靳人眼福飽消本長所基菀實枯之兆有盛而無衰化工穹神巧繄彼錦繡叢何人不傾倒或炫美人粧或生文筆藻或散天女香或勤仙僮掃既蒙相賞何感閱時少獨有愛花人睹之傷懷抱杖頭以墜緣章空祈禱羯鼓雖更催剪綵誰更造優曇剎那間來去一生了錦茵固無言藩溷亦奚惱是知富貴花不如幽芳草然使花解語應亦辦之早人惜空花空花笑老人老

花事逐歲新人事年頻擾灼灼天台花歸來迷晨肇百年日暮耳與花孰壽考

懷德縣志第十五卷

兵事

兵凶事也奚以志志懷民之不幸也懷德古列荒服即有時區爲郡縣諒亦不識不知鑿井耕田已耳非如通都大邑奢侈逾度道德云亡遂致上干天怒屢降紅羊也而竟有兵事焉謂之不幸也亦宜致若保衛地方奮勇死綏或其捍禦强盜舍命保家固爲血性男兒北方之强也而褒揚未及恤典不加使不書以傳信恐再閱百數十年即其姓氏亦湮沒不彰矣不亦不幸中之更不幸哉爰采其事之重要者著於篇述兵事

懷德縣志第十五卷

兵事

三教寺賊圍會總之戰

同治二年五月十八日盜首倪洛疙疸率賊匪四百餘圍攻會總張廣義院內能應敵者僅十八人初戰時以暗擊明尙斃賊數名嗣賊入鄰屋中穴壁爲炮洞俯瞰以擊院內幾不支幸有傭工劉某踰垣火其屋乃退去戰有三時之久院內子藥將盡再延數刻恐有覆巢之虞然而卒免於難者賴此工人之一炬當鎗雷彈雨之中冒九死一生之險該工人可謂食焉不避其難矣視夫食人祿而不忠人事者豈可同日語哉

鄉團八家子戰賊敗殁

同治二年八月十五日盜首袞地雷率賊三十餘名住東街路南瑞興店黃花甸子會總董曜帶領會勇前往勦捕從關帝廟進攻初戰時即殁會勇二名銳氣已挫嗣賊從該店東大門出繞至後街抄其後路會勇盡逃去該會總尚不知也乃同四人依廟東一豬圈奮勇擊賊無如歸路已斷四面受敵子藥罄盡束手就擄賊縛爲的以之演槍畢則合前二屍聚而焚之比及賊去家人覓屍則莫辨誰何不得已而合葬一邱焉城西義地迤南有一高大之塚即七人墓也於嘑生未嘗食餉糈殁不蒙䘏典殺身燬屍不得歸先人之故壟悲哉慘矣

八家子鎮大股賊攻小股賊

初知昌圖廳事海公在金家屯之遇難也而八大會之會勇戰歿者甚衆敗後不能成軍而散勇糾合匪人自成一帮亦無的名人呼之曰小帮於同治三年十二月十一日共三百餘賊進八家鎮住東大橋西店內彼時鎮內未設衙署又無營兵每遇賊來惟有鼓樂歡迎索愈苛繼以稍欲免賊之不焚掠耳而花錢則不論云無如此股賊匪勒索愈苛及十二日議猶未妥馬傻子率八百餘賊又至商民仍前出迎此小帮亦不得不去拜見大帮亦未動聲色同住街內詎至初更後大帮忽起而攻之斃小帮三十餘餘皆逃竄逃後雖不無爲賊者而此小股之名

則已絕矣嗟夫始則拿賊繼而做賊宜其見惡於賊也出其不意襲而殄之豈盜亦有道歟可爲懷貳不終者戒或曰商民使之亦未可知此股賊匪分文未得亦鎮中商民不幸中之一幸

八家鎮官兵與賊戰

初京兵由省北來也省兵亦與之俱京兵因長春告急從南道趨援之而省兵即赴八家鎮領兵者有所謂木大人花大人者帥八旗馬隊四百人并南城投降馬隊二百名康洛疙疸與白胖子二人帶之大炮十二尊駱駝六隻軍容甚盛於同治四年正月二十五日至街住世合棧院内時已二年餘未見官兵商民均喜出意外二十七日聞雙城堡有賊降隊往捕奪獲大車

一輛距大股賊攻長春未克而京兵已到賊乃悉衆西來三十日降隊復東偵探獲一穿紅蟒賊已遙見賊衆逼來遂將所擒送營弁調兵及炮車迨官兵遲遲出院賊已近街東兵聞槍聲並未赴敵亦未禀知統帶逕從西門而逃比降隊退入世合棧僅餘木統帶一人而已先是木統帶在公館靜候捷音降隊退回始知本隊已逃方欲脫身賊已塡街塞巷矣乃踰垣而避之入儒林堂葯舖僞爲病人也者始免於難賊去後乘薛家館驢以旋省降隊在世合棧院內與賊格鬥片時見勢不支亦奪門而去是役降隊戰歿者三十餘人炮車輜重盡陷於賊官兵則未傷一卒云

京兵朝陽坡之捷

同治四年正月三十日賊首馬傻子擁衆萬餘踞八家鎮另有小股孫九工馬保山等二千餘由北道赴鄭家屯爲博噶台忠親王所殲馬傻子於二月二日率衆趨朝陽坡蓋遼河冰汎方急賊欲西渡非至該處無橋以濟也初三日京兵躡及之以天晚未進初四日巳刻布陣該市之東賊亦整隊出迎賊之故智遇敵輒連騎衝突名曰闖隊恆以此得志是日仍逞故技京兵見來勢洶湧乃伏田壟以待度子彈能及臥擊之賊多落馬而退三闖三退黠驢技窮各無鬥志兵起乘之遂大潰爭橋競渡墜河中者無算逃過河西馬傻子僅率二千餘南奔邊裏而去

餘盡作鳥獸散是役也陣斃賊數百名落水及散後被鄉民戮者亦數百名共不下千計自此一敗塗地賊勢不復振矣

三家子三道崗鄉團戰賊

同治五年四月杪盜目李洛疙疸等率賊二十餘搶長春界雙城堡街不數日嘯聚七十餘賊於五月初九日由三道崗至秦家屯盜目三人李與曲鳳係土著惟高椿子乃是遠來者至街但索鴉片漿未肆擄掠一館而西至小兩家子搶茂盛福始蹈被殄之機先是三家子沈萬成聞賊至秦家屯來見賊目問其何往賊以八屋對沈云似此路經敝村幸勿見掠賊云此亦易事惟軍火不足望代籌措當時蓋兩相允許及沈歸途人問賊

耗沈云無妨以故茂盛福之被掠毫無準備及沈聞信前來已搶畢矣乃怒曰似此所爲即有軍火尚留以擊爾賊恐前途有伏初更後退至秦家屯南宿焉是夜沈約八屋鄉團合三家子鄉團共集馬隊三十名初十日黎明至秦家屯因天微雨土槍不便燃於是遂扣豐聚當門避雨値盜首曲鳳在該舖坐索錢財遂縛之適又一人扣門問所爲答云投大隊者蓋疑鄉團爲賊耳亦縛之少焉雨霽踰橋南往捕賊而賊之全隊尚在南陸家屯惟李老疙疸獨宿橋南二里許之舊日私家初該犯曾約北方之賊匪合股見鄉團北來誤爲所約賊到乃徒手乘馬出迎即近見事有異撥馬而回鄉團彈中其臂落馬又縛之大股

賊聞鎗聲已作準備迨鄉團前往賊乃整全隊出迎鄉團以賊衆恐被包抄乃列横陳下馬担鎗於鞍以待賊不敢進相持片刻賊後隊有遁者團勇乘馬猛逐之乃潰鎗斃賊四麥田搜獲者二餘賊奔東南比及三道崗剩十餘騎該處鄉團亦起迎頭奮擊戰斃賊二生擒者三高椿子亦在內云是役也二團共槍斬賊十四名三盜首無一免者團勇未傷一人自同治二年以來鄉團已久不敢聚此爲馬賊亂後之餘波亦鄉團再起之萌蘖也

西劉家屯楊家大城唐統練擊賊

光緒二十六年俄人之復來也到處搜括軍火有因此累及身

家者民間聞之不勝憂懼蓋以土匪不靜雖賴鄉團互保尤藉軍火自衛果被搜去安得不任賊匪爲所欲爲乎俄之大拂民意唯此爲最然民之所憂實賊之所樂以故奉化北境於九月初忽盜賊蜂起有棄農事而從賊者不數日間聚有數股緣與懷境一河之隔統練唐玉和恐其蔓入境內帶隊西往查道於是月初十日至三家子午飧聞西劉家屯有賊七十餘捉去牛梁楊三姓三人勒贖乃同三家子等團前往勦捕至則賊已西往乃督隊趨追至頭道圈後及之將擄捉三人如數打回戰斃賊二生擒綽號掃北等十一名餘北竄入柳林仍逃往河南而去後聞此股賊匪經此大創多有歸正者是役可謂當頭之棒

矣是日天晚正在收隊之際又聞亘匪三省帶領一百三十餘賊圍攻楊家大城甚急統練聞信自帶本隊乘夜前往更餘至該鎮賊已入楊姓院內攻擊至雞鳴時賊方往北遁去該鎮賴以保全是役擊斃賊目葵首一名傷餘匪數名俱被賊綑於馬上馱去練營戰歿練勇一名統練之馬中賊彈斃噫戰賊夜以繼日可謂勞矣彈中所乘之馬不亦險乎此二役尚在俄人未到境之前迨俄入境藏匿軍火猶恐不暇遑云擊賊嗣後境內雖不無戰事亦必覷俄人不在始敢乘間偶一爲之

嘟嚕嘴與馬家屯俄人擊賊

俄之復來亦甚惡賊而賊亦畏俄然自俄人入境賊匪益多民

患日甚者則以搜括軍械致令兵民鄉團皆不敢持械擊賊而賊益無忌憚故也乃其所搜者不過兵民鄉團而已若賊之械則不但不能搜得且將搜得之械轉昂價以售與匪人是其收一械而賊寡一畏賣一械則又增一賊矣更兼漢奸通事分贓庇盜不論何等要犯一到車站無敢過問者直迨日俄戰起俄之後路屢被賊擾始知養賊不第爲華人患也非其謀之不臧自貽伊戚歟光緒三十年秋有日人十餘名從蒙界繞入勾串鬍匪三百餘人轟燬二站鐵道三十一年五月初五日日人又率鬍匪共四百餘名烘燬二站之東鐵橋俄兵逐之至北大界外被鬍匪擊斃四十五名俄兵乃棄甲而回是年四月俄人運

草之車在河套被賊擄去三輛擊斃俄人一名俄不堪其擾乃飭隊嚴緝於四月二十一日伊之降弁趙蘭亭率領俄隊逐四百餘賊至縣西南二十餘里嘟嚕嘴屯斃賊二十餘名戰歿俄人二名是月三十日長春府趙帮帶率領俄隊逐賊三百餘至縣西三十里之馬家屯又斃賊二十餘名二役共斃賊五十餘名五月朔俄募素通賊者揷旗招降初二三日賊乃陸續進縣城强賒强貸蹂躪舖商城內有岌岌之勢幸其不久即往邊裡前敵而去共二千餘人沿路馬匹擄掠一空嗣後境內賊患稍殺然猶未已矣

長春兵與俄兵之戰

庚子拳民肇釁歷春至夏謠傳蠭起無稽不經之說愚民爭相窃議皆以爲北宋之丁甲神兵且有謂内省者已獲勝仗者於是本境及左近鄰封匪徒亦多響應有法師掌教等同各名目邑宰范貴良持以鎮靜典史隆釗彈壓有方故商民雖受驚恐未遭損害先是俄人在縣治南九十里之公主嶺設鐵路三站亦一絕大區埠也至是俄國兵民之搬取什物燒燬房舍奔竄歸國者終（絡）繹不絕又數日俄退略盡土匪漸滋六月十八日長春府營弁阮遣諜巡察至境且防俄兵之過境焚掠者探有俄兵一隊迨至阮營弁帶馬隊二十名步隊五十名至本境南界之平頂山西遇俄前哨十餘名發槍奮擊行將盡殲不虞後路俄兵三百餘一擁而

至致我兵馬步隔絕不相救應阮營弁遂陣沒少頃步隊亦戰潰俄兵縱火焚燒居民被災者凡百餘家是役也我兵死者三十餘人俄兵死者二十一二人居民十餘人蓋由於衆寡懸殊救援隔絕故軍心甚勇而卒以敗聞時此惜之九月俄軍自北路南下先至長春府界內謝敬之太守欽奉不戰之議與俄軍弁相見以理諭之以誠結之因應咸宜措施得當得免於戰不特長春商民盡受其福而懷邑適當其後獲慶安全微謝公之力曷克臻此二十七年去印懷邑商民思其德醵貲購石勒碑以志之

和悅社徐聯珠與逃兵之戰

懷邑地屬邊荒盜風素熾居民非嫻習槍炮不能自衛其身家距縣治東南七十里之和悦社有居民徐聯珠者食指十餘口壯丁四人甚殷實牆宇高峻四角有炮台槍械子葯之類尤備擊賊素以勇聞八月逃兵過境戚里素識避難者咸往依之逃兵稔其富且垂涎馬匹之多欲肆搶掠徐聯珠率子姪並擇戚誼之能兵者十數人登炮台發槍轟擊逃兵陸續至者且三百餘屢次縱火攻撲皆被擊退自辰至酉徐聯珠及其戚朴姓張姓三人中槍殞命逃兵死者已五十餘矣不意院内葯缸不檢於火子藥不繼家人知不能守遂於二更後乘雨毀牆護老幼從屋後潛遁至數里之外鄰村暫避逃兵聞之猶不敢逼平明

入院大掠而去

附軍制

光緒三年本境改設縣治邑令張公雲祥涖任請設捕盜把總一員外委一員馬什長六名捕勇馬隊六十名駐防朝陽坡省中發餉庚子之亂奉軍憲令裁撤捕營撥省營步巡兵五十名歸縣調遣嗣因人地不宜稟請撤回自招親兵小隊二十名以爲護署廳(聽)差之用三十二年軍憲趙將各府州縣牛馬稅另行派員征收地方官招養兵隊籌餉不易查明舊卷仍令復設捕營以符定制大州縣四五十名設把總一員小州縣二三十名設外委一員懷德照大縣例仍設把總一員捕勇馬隊四十名

每月餉需由縣備文赴省請領三十三年奉督撫憲扎飭按照新章改把總爲捕盜巡官改捕兵爲巡兵本年又奉巡警道扎飭以捕盜一營虛縻餉項既有巡警正兵即可概行裁撤此本縣原有之兵制而後改組爲巡警之情形也茲將兵額餉數清列於後

捕盜營改設之後駐防縣街

把總一員每月薪水銀十三兩津貼銀十七兩按每月三十日算月小扣一日均同

馬什長四名每月餉銀七兩五錢津貼二兩

馬勇三十六名每月餉銀七兩津貼二兩

以上弁兵每月共應領餉銀三百九十二兩

懷德縣立之後雖有捕營彈壓仍以地面遼闊萑苻時起不得已又請於上由省營北路撥統巡一員兵二百名來境駐紮以資鎭攝而靖地方弁兵仍食原餉由本營統領發給三二年輒一瓜代至三十三年調防吉省從此懷境無客兵駐防者數年至北蒙肇衅而後懷境幾成衝要陸續派隊駐防以資鎭懾懷德近數年來所恃以無恐者此也參鄉土志